U0940439

移民文化論丛

（2013）

主　编◎刘志山
副主编◎傅鹤鸣

中国社会科学出版社

图书在版编目(CIP)数据

移民文化论丛（2013）/刘志山主编．—北京：中国社会科学出版社，2015.4

ISBN 978－7－5161－5628－5

Ⅰ.①移…　Ⅱ.①刘…　Ⅲ.①移民—文化—研究—广东省　Ⅳ.①D632.4

中国版本图书馆 CIP 数据核字（2015）第 041817 号

出 版 人　赵剑英
责任编辑　李炳青
责任校对　邓雨婷
责任印制　李寡寡

出　　版　中国社会科学出版社
社　　址　北京鼓楼西大街甲 158 号（邮编 100720）
网　　址　http：//www.csspw.cn
发 行 部　010－84083685
门 市 部　010－84029450
经　　销　新华书店及其他书店

印刷装订　北京金瀑印刷有限责任公司
版　　次　2015 年 4 月第 1 版
印　　次　2015 年 4 月第 1 次印刷

开　　本　710×1000　1/16
印　　张　12
插　　页　2
字　　数　200 千字
定　　价　42.00 元

凡购买中国社会科学出版社图书，如有质量问题请与本社联系调换
电话：010－84083683

《移民文化论丛》编辑委员会名单

目　录

移民文化研究与建设的三个维度

移民和人口流动是自古就有的现象，中国虽然不是全球性移民流入最多的国家，但她是全球性移民流出最多的国家，在改革开放后又成了全球国内移民流动最频繁的国家。无论流入还是流出，无论外部流动还是内部流动，只有流动才能有活力。流水不腐，户枢不蠹。死水一潭，带来的只能是封闭和保守。流动才能带来开拓和创新。移民思想观念在流动中通过同化、顺应和裂变产生的新文化就是移民文化，移民文化是当代中国最具活力的新文化。

移民文化是移民在迁移过程中所创造的物质文化和精神文化的总和。我们这里侧重讲移民精神文化，即移民身上所特有的思想观念和精神特质，它们是移民在迁移和再迁移过程中使迁出地文化与迁入地文化相融合的结晶，是移民生生不息、走向全国、走向世界、安身立命、成就事业的精神支柱。

一　从人口流动与文化流动的角度研究和建设移民文化

当今世界的全球化使人口、资金、技术、物资、产品和文化出现了全球性流动，其中人口的流动与文化的流动刚好呈相反的方向，即人口由落后地区、发展中地区向发达地区流动，文化则伴随着资金和技术由发达地区向落后地区、发展中地区流动。

由落后地区、发展中地区向发达地区流动的现当代移民，其动机和目的是为了获得更多的发展机会、更大的发展空间、更好的发展前景和生活待遇。这与古代移民的迁移形成鲜明对比。古代移民由于战乱和灾荒等原因，从中原繁华地区迁移到南方蛮荒之地，有的再次迁移到陌生的异国他乡，前途未卜，怀抱着寻找世外桃源的梦想，只求生存和繁衍。历经几代人的奋斗和拼搏，他们中有的创造了辉煌的业绩，成为著名华人华侨，成功融入迁入国的社会和文化，并发挥着重要的影响。显然，这部分华人华侨的回归故里，投资创业，必然带来在居住国形成的海外移民文化。这是一种融入了华人华侨居住国文化元素的新移民文化。它伴随华人华侨的资金和技术向祖籍国的流动，必然对祖籍国的移民文化产生重要影响，从而促进祖籍国移民文化的创新和发展。

因此，从文化流动的角度研究海外华人华侨在居住国形成的移民文化，对中国移民文化的建设和发展不但必要，而且意义重大。

二　从身份认同与文化认同的角度研究和建设移民文化

移民与其新生代在身份认同和文化认同方面存在巨大差别，甚至截然相反。第一代海外移民，背井离乡，来到陌生的国家，短时间内难以融入迁入国的社会和文化，无法获得身份认同和文化认同；甚至感觉迁入国是“别人的国家”，居住地是“别人的城市”，缺乏归宿感。因而，每逢佳节倍思亲，思念故乡之情无法割舍，虽然身在异国他乡，但根还在出生成长的祖籍国。回归故乡、回馈故乡的情结成为他们联系祖籍国的重要纽带和终生期盼。

然而，海外移民的新生代出生成长在父母迁入国，在身份上自然认为是居住国的成员，并且耳濡目染居住国的文化，在文化适应上没有什么障碍，自然而然就融入了居住国的社会和文化，产生文化认同。同时，海外移民的新生代由于缺乏生活于祖籍国的亲身感受和真切体验，难以获得对祖籍国的感性认识，出现对祖籍国文化的认同障碍；甚至产生与父辈截然相反的感觉，把祖籍国当成“别人的国家”，把祖籍地当成“别人的城市”。这已成为自然且必然的趋势。如果祖籍国的文化无法渗透到这部分新生代群体，使其感触、感动、感悟的话，那就不可能使其得到感化。他们将失去联系祖籍国的文化和精神纽带，不可能对祖籍国产生深厚的情感。祖籍国和祖籍地在他们心目中将成为普通的地理名词，而不是寄托情感的圣地和寄托思念的家园。因而他们不可能油然地产生对祖籍国和祖籍地的情感倾向，更不可能产生回归、回馈祖籍国和祖籍地的行为与举动。

因此，移民文化的研究与建设中的一项重要任务，就是要打造一条维系和联系祖籍国、祖籍地与海外移民新生代之间的文化走廊和情感纽带。海外移民的祖籍国和祖籍地，如客都梅州，不仅要加强客家文化硬件设施的建设，更要加强客家文化软件载体的建设。比如谱写客家之歌（类似《爱拼才会赢》）、制作海外客家纪录片（类似《寻找他乡的故事》）和客家电影电视剧、撰写经典客家小说、举办客家文化展（类似客家侨批博物馆）等，以此激发客家新生代，尤其是海外客家新生代的乡情，加深其对祖籍国和客都的感性认识和理性认同，进而产生客家情怀。

三　从祖籍国与居住国文化交往的角度研究和建设移民文化

当今世界的全球化使各国的文化交往更为便捷和广泛。因此，移民文化的建设和发展，重要内容之一就是加强海外华人华侨居住国与祖籍国之间的文化交流与交往。这不仅有利于海外华人华侨新生代对祖籍国文化的了解和认同，有利于海外华人华侨充分发挥其桥梁作用，促进其祖籍国与居住国之间的友好往来，而且有利于祖籍国移民文化的创新和发展。

华人华侨祖籍国与居住国之间的交往，既包括官方层面，也包括民间层面。官方层面的交往，既可以是国家政府层次的交往，也可以是地方政府层次的交往，如客都梅州与客家华侨聚居城市之间的交往，甚至可以结为友好城市，进行文化、教育、经济等多方面的深入交往。民间层面的交往则更为宽泛，且形式丰富多样。社会组织、民间团体、研究机构等可以组织各种形式的交往、交流活动，在老年、中年、青少年等不同年龄层次展开。如除了每两年一度全球客家人广泛参与的客家恳亲大会、客家文化艺术节之外，还可通过客都梅州的侨联和客家华侨聚居地的客家人联合会等组织，不定期地举办中老年客家人参加的客家民歌演唱会、青少年客家人参加的客家移民故事讲演会、海内外客家学者参加的客家文化研讨会，以及由客家艺术团体和民间艺人参加的客家艺术表演大会等。

这些形式多样、覆盖广泛的华人华侨祖籍国与居住国之间的文化交往与交流活动，作为联系祖籍国客家人与海外客家人之间的重要纽带，在拉近双方之间的心灵距离、促进双方之间的深度了解、形成双方之间的高度共识等方面将发挥重要作用。

（作者信息：刘志山，深圳大学社会科学学院副院长、
深圳大学移民文化研究所常务副所长、教授、博士）

快速的城市化与移民的思想道德建设

深圳的城市化速度可谓亘古罕见，在短短的30多年里走过了别的城市需要数十年乃至上百年才能走完的路程。究其根源是改革开放后大批移民的涌入，使深圳一跃成为超过千万人口的城市。这些闯荡深圳的移民，除少数来自内地城市的干部和工人外，绝大多数是农村的剩余劳动力，即进城民工。随着城市化过程中生产方式和生活方式的变化，移民的思想道德观念和行为方式必然发生嬗变，加上移民流动性大的特点，对传统的“上传下达”的思想道德教育模式提出了严峻的挑战。要研究深圳移民的思想道德建设，就必须深入研究深圳城市化的特点，全面把握移民思想道德观念的变化。

一 深圳的城市化及其特点

深圳的城市化既具有一般城市化的共性，又有其个性特点；它既是现代城市化的一个缩影，又是中国改革开放过程中城市化的特例。

（一）城市化

城市化是随着工业化而发生的经济和人口分布重心向城市转移、城市数量和城市人口迅速增加、城市在国民经济和社会生活中的作用逐渐强化的历史过程。

如果说工业化是人类社会发展的必然阶段，那么城市化就是工业化的必然结果。工业化对城市化的促进作用具体表现在：首先，工业化促使农业劳动生产率迅速提高，使农产品和农村剩余劳动力大量出现，这就为城市以及第二产业、第三产业的发展提供了可能性和现实基础。其次，工业化为城市提供了大量的就业机会、进步的生产方式和优越的生活条件，对广大农村产生强烈的吸引力，促使农村人口向城市转移和集中。再次，工业化除了引起人口和产业的聚集以外，还相应地促进交通、建筑、科学、技术、文化、教育、信息，以及为工商服务的各种事业的聚集。这种聚集从客观上形成与上述产业和人口集中相适应的城市。可见，由于工业化而引起社会生产的发展和社会生产方式的变化；由此而引起第二、第三产业在城市的聚集，这样便加快了人口向城市的集中，以及由此决定人类生存发展条件的改变，经济结构和社会结构的巨大变化。因此，城市化以及城市生产方式和生活方式在社会广泛推广普及的过程，是工业化发展的必然结果。

恩格斯曾提出城市化的根本原因是工业现代化的著名论点，而且指出：像（当时）伦敦市“250 万人这样集聚在一个地方，使这 250 万人的力量增加了 100 倍”，这就是有名的“集聚效应”学说。事实上，现代城市化推动社会经济高速发展不单纯是人口集聚的作用，而是多种因素的集聚作用，其中最主要的有四个方面：第一，现代城市是现代科技、现代工业和掌握这些技术的人才茁壮成长的“沃土”，也就是城市在推动生产力发展方面产生着重大的作用；第二，现代城市是生产专业化、社会化大协作不断发展的“基地”，也就是说城市在推动生产关系不断变革方面产生了重大作用；第三，现代城市是形成市场经济的基本条件，通过市场经济的“优胜劣汰”，技术落后和经济效益差的单位及时被淘汰，技术先进和经济效益好的单位不断发展壮大，从而不断推动技术更新和经济效益的提高，不断为社会发展积累资金；第四，现代城市把以上因素结合在一起，并在发展中不断优化，使之有机、有序，结构合理，从而不断释放出推动社会进步的巨大能量。

城市化不仅是生产方式和物质文明的进步，更重要的是它带来了人的行为模式、交往方式、人际关系的变化，促进了人的思想和精神面貌的现代化。城市的主体——广大市民在城市化进程中发挥了主导作用。城市文化，包括物质文明和精神文明的进步且向乡村扩散渗透，从而推动整个社会的进步。

（二）深圳的城市化

深圳的城市化是指从 20 世纪 80 年代开始，随着经济特区的建立、改革开放的实行和工业化的发展，外地移民大量涌入，城市人口迅速增加，社会经济高速增长，生活水平不断提高，逐渐迈向现代化、国际化的过程。

深圳的城市化与工业化的发展密不可分。1979—2013 年，工业总产值由 0.7 亿元增加到 6296.8 亿元。高速工业化带动高速的经济增长，1979—2013 年，国内生产总值由 1.96 亿元增加到 14500.2 亿元。高速的经济增长使人民的生活水平迅速提高，1979—2013 年人均国内生产总值由 606 元增加到 13.7 万元。人民生活水平的大幅度提高使深圳的吸引力不断增强，移民大量涌入，1979—2013 年城市常住人口由 31.4 万增加到 1062.89 万。

由此可见，深圳的城市化具有如下几方面的特点：第一，以经济特区的建立为契机。中央赋予经济特区改革的试验场和对外开放窗口的光荣使命，使深圳能充分利用其地利之便，迅速崛起。深圳位于广东省中南部，濒临南海，与国外联系的条件十分优越，港口众多，毗邻港澳。香港是一个自由港，是亚洲和太平洋地区的商业中心、海运中心和金融中心。深圳利用与香港之间便利的铁路、公路、海运和航空运输，使信息更为灵通，促进了其自身的经济发展，因而具有中国其他沿海地区无法比拟的优越性，有利于实施对外开放政策，更有利于发展外向型经济。经济的发展为深圳城市化提供了极其有利的条件。第二，以改革开放为动力。作为全国体制改革的试验场，深圳发挥敢闯、敢试的首创精神，率先改革干部人事制度，采取多样化的干部人事调配形式。以公开招聘、招考为主，自荐、推荐为辅的多样化调配方式，为深圳大规模建设吸收了大量急需的人才；建立干部聘任制，废除职务终身制。这种制度，率先在外商投资企业中实行，体现为在董事会领导下的经理（厂长）聘任制，然后，在不同所有制的企业和行政机关中推行，并逐步规范化、制度化。通过招聘制，为建立选优汰劣和能上能下的干部人事制度探索新路子，并为深圳开创了一个能让人才脱颖而出的平等竞争的环境。同时，改革传统的劳动制度和用工形式，建立以劳动合同制为主要特征的劳动用工和双向选择的就业制度，要求深圳的企业管理按照国际惯例运作，实行“契约式”的用工，企业自主选择用工形式和工资分配形式，劳资双方有解聘和辞职的双向选择等。这些灵活多样、规范有序的新型人事制度和用工制度，为不断涌入的移民提供了自主就业、各尽所能的机会，与高速发展的工业化一道，成为深圳城市化的重要动力。第三，以外来移民为主体。深圳快速的城市化，从人口统计的角度来看，1979—2013年间，人口自然增长率远远低于全国的平均水平，但人口数量的增长却远远高于全国其他地区，毫无疑问，这是大批移民的不断涌入所致，移民已成为深圳这座新兴城市的主体。历史证明，移民流向在城市化进程中具有举足轻重的作用。工业化和城市化的勃兴应以充足的劳动力为前提，否则，资本的积累、技术的传播、生产的分工和经济的发展就会停滞。移民作为深圳劳动力的主要来源之一，他们既是生产者和消费者，又是技术的传播者，其流向不仅是简单的人口流动，而且是以社会生产和技术为核心的经济重心的移动。同时，由于不同的民族群体在文化背景和技术方面各有所长，其四方会聚，五方杂处，既赋予了特区思想道德的多样性，也为各群体相互借鉴，推进技术和经济发展创造了良好的条件。

二　深圳的城市化对移民思想道德观念的影响

深圳的外来移民占全市人口的95%以上，外来移民中除少数从内地调入的干部和工人，绝大多数是来自农村的剩余劳动力，即进城民工。因此，深圳的思想道德教育，不仅包括在校大中小学生的教育和机关事业单位干部和工人的教育，还包括人数最多、比重最大、情况最复杂且最容易被忽视的进城民工的教育。要搞好深圳的思想道德建设，应该且必须了解和把握这部分移民在城市化过程中各方面的变化，以及这些变化对其思想道德观念的影响。笔者认为，这些进城民工在深圳城市化过程中的变化，大致包括如下几方面。

（一）生产方式和劳动方式的变化及其影响

到深圳闯天下的进城民工中，来自湖南、湖北、江西、四川等省山区农村的剩余劳动力最多。进城之前，他们主要从事家庭承包责任田的手工生产；进城后，他们主要在企业里从事集体协作的大机器生产。这种从手工生产到大机器生产的转变，对移民个人来说，不亚于一场技术革命和产业革命。从某种意义上说，这些移民从农村到城市、从手工生产到机器大生产的过程，既是一个城市化的过程，又是一个技术革命和产业革命的过程。在这场对移民来说天翻地覆的革命性变革中，进城民工真正感受到了知识和技术的价值，开始形成终身教育和学习化生活的意识；开始改变散漫随意、各自为政的劳动习惯，逐渐树立起竞争协作的劳动观念。移民们进城前以土地承包、独立自主的生产为主，进城后以劳动力为商品投入契约条件下的雇佣劳动过程中。这种角色、身份和自身属性的变化所引发的生产方式和劳动方式的变化，使进城民工改变了农村生产“日出而作，日落而息”和认为时间不值钱的观念，改变了农村生活中“劳动力取之不尽，用之不竭”、“只有实物才是商品”的意识，经过城市化的洗礼，开始认识到“劳动力也可以变成商品”、“时间就是金钱，效率就是生命”，逐渐形成与市场经济相适应的商品意识和时效观念。

（二）生活环境和生活方式的变化及其影响

深圳移民中的进城民工，从农村社区到城市社区，这种生活环境的变化使其家庭观念发生了根本性的改变。在农村社区中，家庭是最基本的生产单位，是家庭联产承包的主体，其主要功能是维持全家的生产和生活。因此在某种意义上，家庭是农村劳动力的组合体，家庭成员的结构和组合对家庭经济的发展具有至关重要的作用。这不能不影响到农村社区中的婚姻家庭观念，影响到对配偶的选择、衡量和评价标准。因为农村社区中的家庭是以生产单位和经济单位的形式存在的，所以在选择配偶时，首先要从生产和劳动力的角度来考虑，而不是以感情的融洽性和生活的协调性为基础。离婚被看作是家庭经济的“破产”（在一定程度上，这使得农村社区的婚姻家庭比城市社区的婚姻家庭更为稳定）。移民进城以后，这种情况发生了显著变化。在崭新的城市社区中，移民各自以劳动力为商品，赚取生活费用，男女都有独立的经济来源。因此，在这里家庭不再是主要的生产单位，而主要是生活单位。配偶的选择以一定的感情为基础，家庭的建立以生活的协调性为准则。离婚不再被看作经济的“破产”，而只是感情的决裂和生活的不协调。

移民进城后，由于工作性质的变化，生活方式也随之改变。在农村社区中，劳动是不计时的，有时早出晚归，有时整日休闲，一切随季节和心情而定，因而日常生活也没有业内和业余之分，显得平淡且单调。

而在城市社区中则完全不同，定时上下班，上班时间由雇主支配，下班后的业余时间由自己安排。加上城市社区提供了比较完善的生活设施和比较多样的文化活动，因此移民们不再满足于温饱型的物质生活，开始追求生活质量，追求丰富多彩的文化生活和精神生活。这种生活方式和生活理念的变化对他们的人生观产生了深远的影响。

（三）交往方式和行为方式的变化及其影响

深圳移民的生产方式和生活环境的变化，导致其交往方式和行为方式的变化。在农村社区中，人际关系相对简单。农业生产一个人就可以做，即使有时一群人在一起做，也大都是亲属关系。而城市社区中的生产劳动，几乎每一个环节、每一个步骤，劳动者都要同许多陌生人用各种不同的方式打交道。开电梯、当售货员，上上下下、来来往往的人都不认识。在这种情况下，中国传统的人伦观念受到了挑战，不再局限于君臣、父子、夫妻、兄弟和朋友的五伦关系，在更多的场合出现的是一种新型的人际关系，即与陌生人的关系。有的学者将它称为“五伦”之后的第六伦，当代亟须建构与之相适应的社会公德和职业道德。

在农村社区中人际关系虽然简单，但人际交往的方式却颇为复杂多样，既可以是物物交换，包括劳动力与劳动力之间的交换，也可以是财物与货币的交换，甚至可以赊账，因为买卖双方都是熟人乡亲，没钱东西也可以先拿去用。而城市社区中的人际交往在一定意义上说却简单得多。衣、食、住、行、用都需要用金钱来支付，人际关系都体现为一种货币关系。这就很容易产生“没钱万万不能”的拜金主义思想。另一方面，移民背井离乡之后，容易产生一种不确定性和漂泊感。这种漂泊感和不确定性，既给人带来新的希望，也使人对自己的命运把握不定。因此，这样的人群必然要寻找某种寄托和依靠，希望能够获得友谊和友情，对友谊和友情的渴望更强烈。当然，如果这种渴望得不到有效疏导，就可能会使一些涉世不深的青年误入歧途，交上损友，甚至陷入黑社会的魔掌。

移民进城之前，其道德观念和行为准则主要是从农村社区中获得的。在一个农村社区，是非对错，总有一套传统的、比较稳定的、大家公认的行为道德准则。大家公认的东西，如重男轻女，即便不好，也没有人反对；某种行为可能是对的，如上门女婿，但大家认为不好，那么在这个社区里就行不通。而当他们离开农村的社区进城之后，这种原社区对他们的影响力必然日益淡化，无论是好的影响还是不好的影响，但他们一时又难以被城市社区的陌生环境所接纳和认同。这样，从农村社区到城市社区，从熟悉环境到陌生环境，原有道德规范的影响力显然削弱了。具体而言，大多数人在陌生人面前是不知道难为情的。有许多事情，如果在一个熟人群体当中，他绝对做不出来，但在谁也不认识他的公共汽车上，他就可以做出来。道德对行为的约束，舆论对行为道德的监督，在陌生人的群体中效果甚微。而城市社区对各种人群行为道德的影响和监督，主要是通过现代舆论工具，如电视、广播、报纸、刊物等。这些现代舆论工具和渠道，对这些进城民工，尤其是居无定所、不订报纸、不订杂志、收入较低、文化不高的劳动者，很难发挥其影响和作用。于是，在这里就出现了传统影响渠道和现代影响渠道难以衔接的“真空地带”，这是城市社区思想道德建设中出现的新情况和新问题，有待深入研究和逐步解决。

三　深圳移民的思想道德建设

2013 年的人口统计的结果表明，深圳的 1062. 89 万常住人口中，户籍人口 310. 47 万，非户籍人口 752. 42 万。不仅全部非户籍人口，而且户籍人口中的大部分，都是移民。这些移民包括按计划调入的干部和工人、以集团形式有组织地进入深圳的劳动者（如包工队）、自发性到特区的移民，以及到深圳投资的外籍人士及其外籍雇员等。其中以自发性移民为最多，占移民总数的一半以上。可见，移民已成为深圳人的主体。做好这些移民的思想政治工作，对他们进行有效的思想道德教育，促进其思想道德观念的现代化，是推动特区城市化，实现深圳现代化，搞好特区精神文明建设，真正把物质文明和精神文明“两手抓、两手都要硬”落到实处的关键。那么，面对层次不一、结构复杂且流动性大的移民社会和移民群体，深圳的思想道德建设应如何进行呢？笔者认为，搞好深圳思想道德建设，不仅要从宏观上高度重视，从整体上改进教育方法和手段，更重要的是区分对象、因材施教。

（一）对按计划调入深圳机关事业单位的干部和工人的思想道德建设

对这部分移民的教育，可以接收单位为依托，结合深圳市的党风廉政建设和本单位的干部队伍建设来进行。第一，加强党员干部党风教育和廉政教育，提高共产党员的思想修养和道德素质，继续发挥党的先进性和党员干部的先锋模范作用。第二，加强一般干部的理想教育，实行正面的说服教育。既强调以理服人，坚持马克思主义的真理性、科学性教育，引导群众，又要从实际出发，注重用社会主义革命和建设的事实说服人，用共同理想动员和团结干部群众，明确奋斗目标和努力方向，形成强大的精神动力和凝聚力。第三，加强普通工人的社会主义、集体主义和爱国主义教育，使之坚定社会主义方向，形成集体主义观念，铸就爱祖国、爱深圳的思想情操。

（二）对以集团形式有组织进入特区的劳动者的思想道德建设

这部分移民一般劳动、居住都比较集中，有一定的组织、管理和教育。如包工队，有的发包单位与承包队相配合，对移民进行一些法制和安全生产方面的教育，为移民的文化学习和娱乐活动创造一定的条件。有些工期较长的包工队还建立了工会和党团组织。这些都在思想教育方面收到了良好效果。

（三）对自发地到深圳务工的移民的思想道德建设

这部分移民一般从事个体工商业经营，摆摊倒卖，或受雇于“三资”、私营企业和个体“老板”，基本上处于居无定所、无人管理的状况，工作、生活极不稳定，并且还有相当一部分流窜犯罪分子混迹其中，一边干活，一边伺机作案。由于这个群体的数量巨大，居住分散，流动性强，所以对他们的思想道德教育将是一项长期、复杂而艰巨的任务。只有在加强管理，努力做到有序流动的同时，重视这部分移民的就业培训和特区精神的陶冶，帮助他们不断提高自身素质，才能减少矛盾和冲突，有利于社会安定，促进特区的精神文明建设。在此基础上，指定专门部门负责，或成立新的专门管理机构，有关各单位分工协作，共同制定统一协调有效的规划，采取若干有利于这些移民思想道德建设的办法和措施。例如，制定移民临时党团组织关系转移办法、移民工会组织办法；规定使用移民较多的单位必须承担对其进行思想道德教育的责任，为移民提供读书阅报、收听广播、收看电视的方便和学习、进修、子女受教育的机会，出版适合他们需要的书籍和报刊，表彰优秀移民，等等。只要切实有效地做好这个群体的思想政治工作，大量的有用人才就会从移民中涌现出来，深圳的现代化建设事业将不断增添闯劲十足、勇于创新、思想道德素质过硬的生力军。

当然，在进行深圳移民思想道德建设的同时，还要继续抓好深圳在校学生的思想道德教育工作，完善大中小学生思想道德教育一体化机制；不能忽视且不断加强深圳本地人的思想道德建设，尤其是“四不”青年（不务农、不务工、不经商、不学习）的教育和转变工作，不断提高他们的科学文化和思想道德素质，使其成为深圳现代化建设的有用人才。

（作者信息：刘志山，深圳大学社会科学学院副院长、
深圳大学移民文化研究所常务副所长、教授、博士）

高新科技发展与移民思想道德建设

众所周知，科学技术是一把双刃剑，既可造福人类，也可危害人类，引发各种伦理道德问题，对思想道德建设产生直接的冲击和挑战，尤其是现代高新科技的发展，包括生物技术、信息技术和纳米技术的出现和运用，对人类的生存和发展产生了前所未有的影响。如克隆技术的问世，运用于牲畜则可优化品种，运用于人类自身则将造成现代伦理道德秩序的严重混乱。再比如，信息技术和互联网的使用，一方面大大提高了工作效率，给人们的生活带来方便，同时也因此出现了网络安全和网络道德问题。人们虽然在理性上对高新科技的负面影响有所了解，但在实际工作中却不以为然，以占领科技制高点为由，极力鼓吹高新科技的决定性作用，甚至由崇尚科技发展到迷信科技。于是在这场“经济热”引发的“高新科技热”中，产生了一个重大的误区，即“科技万能”，并由此造成了对人文科学和人文关怀的忽视，以致产生反主体性效应，这亦可谓是人类发展过程中的一种异化现象。

这种危害人类的反主体性效应和科技异化现象的出现，对当代的思想道德建设和教育工作提出了严峻的挑战，不能不引人深思。俗话说：生于忧患，死于安乐。日本成德大学的王敏教授在谈到日本现状时，指出：“当今的日本社会很少讲伦理、道德，对人们的精神、思想并无要求，更没有衡量的标准和尺度。哲学和伦理全部演化为单纯的知识和情报信息，人也大多形成了技能性质的人，而不是思想的人。”[1] 日本《朝日新闻》的梅本重一先生也曾对日本现代教育进行过深刻反省，他说：“造成人心贫困的原因何在？不能否定这是由于伦理的缺欠，战后的日本教育的反思也表明，其根源在于对人文教育的忽视。”[2] 日本的前车之鉴足以使我们清醒地认识到：高新科技的发展并不能解决一切问题，尤其是人的思想道德和精神领域的问题。因此，我们必须居安思危，富有忧患意识，在大力发展高新科技的同时，深入探讨和研究高新科技的发展可能对人们的思想观念造成的负面影响，以及对思想道德建设可能产生的消极作用，并尽量避免和控制其负面影响和消极作用的发生。为此，本文拟从时代的高度对深圳特区高新科技的发展与思想道德建设作一哲学思考，以期有助于深圳特区的现代化和精神文明建设的顺利进行。

一 深圳高新科技的迅猛发展

从当前的国际竞争和国内开放格局来看，大力发展高新科技是深圳未来的希望所在、优势所在。增强科技创新能力，全力发展高新科技产业，赶超世界先进水平，形成规模优势、品牌优势、市场竞争优势，是深圳经济特区增创新优势的重要内容，也是在新形势下深圳经济特区继续发挥示范作用和带动作用的重要表现。在30多年的实践和探索中，深圳一直把大力发展高新科技产业作为第一经济增长点；政府积极推动和引导，营造促进高新科技产业发展的良好的综合环境；充分发挥率先建立社会主义市场经济体制和适应社会主义市场经济的企业经营机制优势；建立起以企业为主体的高新科技开发体系，走出一条科技与经济紧密结合的新路子。[3]具体而言，深圳高新科技发展所取得的成就，主要表现在如下几个方面：

第一，建立了科技开发体系。20世纪90年代以来，深圳特区高新科技的发展，从小到大、从少到多、从慢到快，逐步建立起以企业为主体的科技开发体系，实现了知识产权资本化和产权主体多元化，加快了特区现代化、国际化的步伐。1998年6月27日，英国《经济学家》杂志在介绍深圳高新科技产业时冠之以“中国硅谷”的美誉。显然，正是高新科技的国际化发展，为深圳企业逐步参与国际分工并融入国际高科技经济体系，为深圳实现现代化国际性城市的目标奠定了良好的基础。

第二，形成了特区的新优势。深圳市委、市政府紧紧把握世界经济发展的脉搏，积极实施“科教兴市”战略，大力发展高新科技产业。改革开放30多年来，以自主创新为特征的高新技术产业已成为深圳特色。目前，深圳在计算机及外设制造、通信设备制造、二次电池、平板显示、数字电视、生物制药等产业领域形成了具有较强竞争力的高新技术产业集群，出现了一批如华为、中兴、中集、比亚迪、迈瑞、腾讯、金蝶这样的跨国经营企业和国内行业龙头企业。2002 年，深圳具有自主知识产权的高新技术产品产值为 945.48 亿元；2011 年，深圳具有自主知识产权的高新技术产品产值为 7220.36 亿元，10 年间增长了近 8 倍。

第三，转变了以往的思想观念。短短 30 多年间，深圳发展成为中国高新科技产业的一个重要基地，经历了发展战略观念和经济增长观念的重大转变，为深圳特区率先实现社会主义现代化的宏伟目标奠定了良好的思想理论基础。深圳特区建立初期，主要依靠中央给予的特殊优惠政策，创造了被誉为“中国奇迹”的“深圳速度”。但随着全国改革开放的不断深入，中国的经济格局已从 20 世纪 80 年代深圳的一枝独秀发展为如今的上海浦东、经济特区、沿海城市百花齐放的新局面，并开始向中西部推进；原来只有特区才享有的优惠政策已逐步普惠全国，全国一些地方如上海浦东还享有比特区更加优惠的政策。在这种新形势下，深圳市委、市政府及时转变观念、调整发展战略，变政策优势为体制优势，变依靠外在优惠政策为主要依靠自身内在的体制优势，在建立和完善社会主义市场经济体制的同时，确立了以高新科技产业为龙头的新的发展战略，把发展高新科技企业作为深圳经济的新的增长点。

二 深圳高新科技发展的影响

深圳特区高新科技发展所取得的成就是有目共睹的，它不仅在物质上和技术上使人们的社会经济生活发生了巨大的变化，而且在精神上和认识上也使人们的价值观念和教育观念发生了根本的转变，“尊重知识，尊重人才”，“活到老，学到老”在深圳蔚然成风。这是积极的、正面的影响。但另一方面，深圳高新科技的发展同时也对人们的思想观念造成了一些消极的、负面的影响，产生了一些不良的思想倾向，具体可概括如下：

第一，重自然科学，轻人文科学。

随时着高新科技的迅猛发展及其对社会生产力极大推动作用的显

现，人们由崇尚自然科学发展到迷信科学，试图用自然科学去“匡正”人文科学，使其科学化，甚至设想用自然科学的方法去解决现实社会生活中的一切问题，出现了唯科学主义的错误思想倾向。于是，人们在不知不觉中忽视了人文精神的培养，忽视了以人的内在精神为基础、以文化传统为负载的人文世界和人文现象的存在，产生了一系列的社会问题。

其表现为：一是重科技教育，轻人文教育。我们知道，教育是一个整体，科技教育和人文教育的统一体现了教育的整体性。在特区教育的构成中，科技文化教育、思想道德教育和审美艺术教育共同组成素质教育的核心内容，分别对应着人们内在的、心理上的知、意、情的需要，反映了人们对真、善、美的追求。然而，在大力发展高新科技的背景下，无论是教育行政领导还是学校的决策者，无论是学生还是家长，都特别重视和倾向于受教育者的科学技术的培养和文化知识的学习，注重“真”的素质的培养和提高，而不太关注思想道德教育和审美艺术教育，忽视“善”的素质和“美”的素质的培养和提高。后两者又恰恰是人文教育的基本内容。对人文教育的忽视，导致特区新一代在人文精神和人文教养方面有所欠缺，不利于其真、善、美素质的全面发展。二是重科技研究，轻人文研究。30 多年来，深圳市大力投资于高新科技的开发与研究，仅 1998 年的投资金额就达 20 多亿元（包括政府和企业的投资），而同期人文研究的经费还不到科技研究经费的百分之一。其结果造成人文研究的萎缩和人文研究成果的匮乏，难以为人文教育提供必要的资源，无法满足特区人民精神生活的需要。三是重科技产品，轻人文产品。深圳特区十分重视科研成果的转化和高科技产品的开发，重视科技产品（如生产资料和物质生活资料等）的有形消费，而忽略人文产品（如人文财富和精神产品等）的无形消费。我们知道，精神财富的继承和人文产品的消费，与物质财富的继承和科技产品的消费是完全不同的。精神财富具有不可转让性，精神财富的继承是在价值认同中，继承者根据自己的兴趣、爱好和志向，自觉地不断学习、不断理解、不断体认、不断发扬的精神劳动过程；而物质财富则是可转让的，物质财富的继承是由财富的拥有者指定其继承者，物质财富一经转让给某人，某人就有法律权力直接支配和享受这些财富。同样的道理，人文产品的消费具有不可替代性，因为人文产品的消费过程同时也就是人文精神的建构过程。在科学技术领域，少数精英可以替我们发明创造，机器设备也可以购得，直接进入生产和生活消费过程，但精神却是购买不来的，即使你买了一本人文巨著，也不等于就拥有了书中的人文思想。思想家可以引导我们思想，但代替不了我们思想，思想的财富只能通过思想的方式去继承和消费。[4]可见，从人文精神建构的角度来看，对人文产品的消费和精神财富的继承的忽视，也就是对思想道德建设的忽视，其结果必将在精神的沙漠上出现思想危机和道德危机。

第二，重科技现代化，轻观念现代化。

深圳特区通过制定促进高新科技发展的战略规划和优惠政策，大力引进国内外的优秀人才和名牌企业（跨国公司），大幅度增加对高新科技产业的投资（1998 年深圳市政府投资达 1.5 亿元，比 1991 年增长了 70 多倍）。高新科技产业的发展已成为深圳经济的第一增长点，1998 年占全市工业总产值的 35.4%，居全国大中城市首位，开始步入科技现代化的行列。

但在科技现代化的同时，却出现了观念滞后的现象。我们知道，深圳是一个新兴的移民城市，城市化速度十分惊人，2013 年深圳 1062.89 万常住人口中，户籍人口 310.47 万，非户籍人口 752.42 万。显然，非户籍人口是百分之百的移民，而且绝大部分是蓝领打工族。这部分蓝领大多来自经济欠发达的内陆地区，文化程度较低，但经过岗前培训后掌握了必要的技术和知识，迅速进入高新科技企业的生产第一线，对高新科技产业的发展和特区的现代化建设作出了很大贡献。然而掌握了有限的知识和技术，能够进入现代化企业的移民，并不意味着就具备了适应现代城市生活的现代化的思想道德观念。事实上，这部分穿着打扮与城市人无异的新移民，在思想道德观念上与真正的城市人有很大差异，不仅他们互相之间存在差异，更重要的是他们与现代化的需要之间有一定的差距，即观念的滞后性。在大力发展高新科技，实现科技现代化的同时，对思想的滞后性和观念的现代化的忽视，在深圳特区产生了一系列不良后果，如假冒他人品牌，生产伪劣产品；侵犯知识产权，剽窃他人成果；伪装高新企业，骗取优惠政策等。

第三，重科技创造，轻科学精神。

2002 年深圳申请专利总量为 7917 件，到 2011 年申请专利总量为 63522 件，净增了 55605 件，专利申请量一直居于全国大中城市第一位。目前，深圳形成了以高新技术产业为第一支柱的产业发展格局，在全国经济格局中占据重要地位。但这些看似立竿见影的科技创造背后却潜藏着对科学精神的忽视，包括科学价值的引导、科学道德的建构和科学态度的培养。在大力发展高新科技的同时，由于忽视了科学精神的培养，而导致了一系列的社会问题。如在科技发明中，只顾个人名利，不择手段窃取他人专利；在科技应用中，只顾经济效益，引发严重的生态问题；在科技改造中，只顾增加生产，影响居民生活和生命安全等。

总之，深圳特区高新科技发展所取得的成就固然值得肯定，但在发展高新科技中出现的一系列社会问题同样不容忽视，唯科学主义的不良倾向应该纠正，人文精神的培养应该加强。只有一手抓科技、一手抓人文，社会才能健康发展。

三 深圳思想道德建设的对策

深圳高新科技的迅猛发展引发了一系列的社会问题，对人们的思想观念产生了一些负面影响，给特区思想道德建设提出了严峻的挑战。那么，面对这一高新科技发展过程中出现的新情况和新问题，我们应采取何种对策呢？笔者认为，针对上文中谈到的几种不良思想倾向，具体可采取如下几方面的对策和措施：

首先，针对“重自然科学，轻人文科学”的倾向，加强自然科学与人文科学的对话与交流，使自然科学与人文科学能够互相渗透。

自然科学与人文科学的融合是现代科学发展的必然；科技教育与人文教育的有机结合是现代教育整体性的需要。在科技至上的社会，在以科技促生产力发展、以科技增强国际竞争能力、以科技增强综合国力的时代，对人文精神的忽视不是没有深层原因的。然而，我们需要科技发展，更需要人文关怀。国际竞争和社会竞争的结果是优胜劣汰，败者心情沉重，充满疑虑和困惑；胜者亦不无心理压力，难保常胜不败，同样有精神负担。人世间总有捉摸不透的必然性存在，而这正是制约人们取胜的关键。加上人类自身的非理性因素的作用，更使竞争变得胜负难料。于是人们在忙忙碌碌的工作中，在变化不定的未知数面前，很可能不时遭遇新的挑战、挫折和困惑。此时人们最需要的是心理的治疗和精神的安慰。这恐怕是现代宗教乃至邪教得以存在和流行的社会根源。

深圳作为我国改革开放的试验场，较早地引入竞争机制，有力地促进了经济的发展，同时也加剧了社会的不平衡。尤其是在极力发展高新科技的时代，知识和技术的掌握成为制胜的关键。而客观上存在的知识财富的差别将使文化程度较低的移民打工族处于极其不利的竞争地位。这批为数不少、足以影响城市形象、经济发展和社会安定的移民，他们将面临比普通人更多的心理压力和精神负担。那么，他们最需要的是什么呢？当然他们需要钱，这是他们出来打工的主要目的之一。但从人性的发展和人格完善的角度来看，他们更需要的是代表城市精神文明的人文关怀。善恶本无根，全在陶冶间。他们在特区工作和生活中感受到的人文关怀和人情冷暖，很可能会影响他们的一生。他们需要赖以谋生的技术手段，需要代表科学文化的“真”，但更需要充实人性、完善人格代表人文精神的“善”和“美”。只有真、善、美的统一，尽善而尽美，才是圆满的人格，完善的人生。有了科学技术与人文精神相结合的真、善、美理念，这些移民们留在深圳则能繁荣特区、美化城市、安定社会，回到家乡则能影响一片、辐射全国、造福后代。可见，人文教育、人文关怀和人文精神绝非可有可无，自然科学只有与人文科学相结合，高新科技只有与人文精神相统一，才能创造出先进的特区文化，真正铸造“开拓、创新、团结、奉献”的深圳精神。

其次，针对“重科技创造，轻科学精神”的倾向，加强特区人科学精神的教养，使其形成严谨的科学态度，树立正确的科学价值观，建构高尚的科学道德观。

马克思曾说过：“在科学上没有平坦的大道，只有不畏劳苦沿着陡峭山路攀登的人，才有希望达到光辉的顶点。”[5] 他告诉人们从事科学研究必须脚踏实地，一步一个脚印，刻苦钻研，一丝不苟才可能取得成功。著名思想家胡适先生也说过，在科学研究中要“大胆假设，小心求证”。科学史上没有永恒不变的权威，每一次科学的进步都是在突破原有理论的基础上取得的。正如证伪主义的创始人、著名的科学哲学家波普所说，任何一个经过无数次推敲的科学真理，只要有一个反例就可以把它推翻。这就要求我们的科学工作者一方面要敢于怀疑、大胆假设，另一方面又要潜心钻研，不断深入，反复实验，千锤百炼，小心求证。高新科技的发明创造更是如此。高新科技的特点是：周期短，更新快。

这就要求从事高新科技研究的人，不但要刻苦钻研，大胆怀疑他人，还要勇于否定自己，精益求精，不断推陈出新。在科技创造过程中，任何轻浮的做法和试图走捷径的行为，都必将遭到失败；任何妄想轻而易举地剽窃和占有他人成果的人，都必将遭世人所唾弃。科学的事业需要科学的态度。只有态度严谨的科学工作者，才能走到高新科技的前沿。

如果科技成果的发明和创造总会给人带来成功的喜悦，那它的利用和转化则喜忧参半。例如，原子弹的发明和使用，既可成为拥有国的强大威慑力量和安全保证，又可成为其他国家乃至全人类的潜在威胁。核能的利用，可以为人类提供巨大的能源，但如果不慎泄漏则将给周围生态造成严重破坏，甚至危及人类的生命安全。炸药的发明和使用，为人类改造自然增添了无穷的力量，但在穷兵黩武的统治者手中则成了戕害生命的恶毒工具。信息高速公路的建设，为现代人的生活、工作提供了极大的便利，但网上“黑客”的出现又给人们增加了许多的烦恼，甚至造成巨大的损失。可见，在大力发展高新科技过程中，我们不仅要重视科技发明和创造，更要关注科技成果的运用，关注人们在运用科技成果时的科学态度、科学价值观和科学道德观，培养和提升其科学精神。

再次，针对“重科技现代化，轻观念现代化”的倾向，充分利用现代高科技手段加强思想道德建设，建构适应特区市场经济发展的思想道德新体系，促进特区移民思想道德观念的现代化。

占深圳人口三分之二、被称为现代“新客家”的移民是特区现代化建设的生力军，在各行各业起着十分重要的作用。深圳特区肩负着率先实现社会主义现代化的光荣使命，而特区现代化的一个重要方面就是人的思想道德观念的现代化。这就需要加强特区移民文化与思想观念现代化的研究。最近深圳大学成立的道德文化研究中心及其已立项的国家社科规划项目“特区移民文化与市场经济伦理”，正是以探索特区市场经济伦理的建构、促进特区移民思想道德观念的现代化为目的的。我们知道，深圳作为移民城市，其居民来自全国各地，民族传统、风俗习惯和道德观念不尽相同，各种观念互相撞击，融为一体，形成了类似于美国和新加坡的“熔炉式”的移民文化，对移民思想道德观念的现代化产生重大影响。因此，加强特区移民文化的研究是实现特区移民思想道德观念现代化的前提和基础。

特区移民文化不仅包括移民迁出地的传统文化，而且包括移民们生活于其中的社区文化和企业文化，同时还受到外来文化的影响。因此要加强特区思想道德建设，纠正“重科技现代化，轻观念现代化”的不良倾向，促使观念现代化与科技现代化同步发展，就必须在大力发展高新科技的同时，做好如下几方面的工作：（1）深入研究特区移民的传统文化，实现其传统观念的现代转化，建构特区的市场经济伦理和思想观念新体系；（2）加强企业文化建设，以形成“企业精神”为核心，促进移民思想道德观念的现代化；（3）增强社区的凝聚力，以建设高度文明的真善美社区为中心，在和谐的社区氛围中形成特区移民的新思想、新观念、新道德和新风尚；（4）充分利用现代高科技手段，加强移民新生代的思想道德教育。20 世纪后期，我们已经面对了在电视机前长大的一代，21 世纪初期我们则将面临在计算机前长大的新一代。现代科技的发展，日新月异，而且深圳的计算机普及率远远高于内地，从而使特区思想道德建设面临新情况和新挑战。在教育网络化的信息时代，网上教育将成为思想道德教育的重要形式。因此，充分利用现代网络技术，扬长避短，实现思想道德教育的网络化改革，是特区思想道德建设的紧迫任务。

（作者信息：刘志山，深圳大学社会科学学院副院长、深圳大学移民文化研究所常务副所长、教授、博士）

注　释

［1］［日］王敏：《儒教在日本》，转引自《儒家伦理与公民道德》，中华工商联出版社 1996 年版，第 279 页。

［2］［日］梅本重一：《日本现状的反省与儒教的再认识》，中华工商联出版社 1996 年版，第 283 页。

［3］许明达：《决胜 21 世纪》，海天出版社 1999 年版，第 8 页。

［4］张祥云：《人文教育特点新探》，《高等教育研究》1999 年第 6 期。

［5］《马克思恩格斯全集》第 23 卷，人民出版社 1956 年版，第 26 页。

“文化流动理论”的理论贡献与实践意义

王京生先生的学术著作《文化是流动的》，创立了全新的“文化流动理论”，此书一出版，立即在学界和文化理论研究群体中引起反响，成为当下文化语境中学术著作受到广泛关注和热烈讨论的特例。其原因既源自这本著作的理论创新，又在于它对深圳这样一个处于文化边缘地带的新兴城市的文化快速发展，给出了一个令人信服的理论说法，从而从理论与实践的结合上树立了独特的学术形象，具有不可忽视的理论贡献与实践意义。

一 “文化流动理论”的理论贡献

“文化流动理论”的理论贡献集中表现为以下三个层面：

第一，颠覆了理解文化的传统方式，对文化本质特征进行了全新的理论解读。

“文化流动理论”的创立者认为，古今中外众多的文化学派，虽然他们对文化定义与文化内涵的理论表述各不相同，但他们对于文化本质的理解都有“一个共同的看法”，都认为“文化是一个特定群体的意义价值与生活方式”，“是一个独立存在的实体”。这种看法久而久之演变成一种理解文化的传统方式，而这种传统方式把文化看成是固定不变的独立存在，看不到或遮蔽了文化的流动性特质，“导致对‘确定不移’的文化的执着”，“文化与经济、社会之间的生动关系也被生生割裂”。简而言之，理解文化的传统方式，见静不见动，见固不见变，见此不见彼，文化被视为囿于地域、限于民族或时代的精神价值与生活方式。这样，就自然而然地产生了自我与他者、传统与现代、中心与边缘、精英与大众的对应性文化解释，就相应地形成了某种文化形态的优越感或卑微感。

“文化流动理论”在剖析理解文化的传统方式的弊端的基础上明确指出，文化不是被动地外在于经济社会的独立存在，更不是一成不变的，而是依赖经济社会，在流动中变化和更新，并积极主动地引领经济社会发展，具有生产性和创造性的鲜明特征。文化的流动消解了各个不同时代不同地区不同民族不同文化形态之间的界限，有利于文化的融合与创新。在当今全球化的文化语境中，理解文化的传统方式已失去了文化实践的支撑，已不能解释变化多端、丰富多彩的文化现象，必将在历史的进程中自然消退。

第二，对文化积淀论进行了批判性否定，为文化创新拓宽了理论空间。

长期以来，无论在文化研究或社会实践中，文化积淀论似乎已成为评价和判断文化生成与文化发展的理论依据和思维方式。在文化积淀论者看来，一个城市或地区，没有文化的积淀，在文化上就不可能有大的作为。文化只能慢慢积累，谁试图追求文化的跨越式快速发展，谁就违背了文化发展的规律。这种理论让历史文化古城自我陶醉，感觉良好，缺乏应有的文化创新活力；让新兴城市自惭形秽，底气不足，难以建构公认的良好文化形象，从而在客观上扼杀了文化创新的动力与活力。

文化流动理论认为：“文化积淀论制约着文化的发展，制约着社会的创新，制约着思想的进步。不否定它，不对文化积淀论保持批判的态度，就没办法适应今天社会的变化。”因此，在分析文化积淀作用二重性的基础上，对文化积淀论进行了深入系统的批判，揭示了文化积淀论的种种缺陷和弊端。明确指出：“文化的发展和进步就是要不断地挑战传统的界限，而不是对传统的坚守和积淀的膜拜”，“过分倚重文化积淀的存量，漠视文化流动带来的增量”，就会使文化积淀“变成沉重的历史负担，窒息一切生动活泼的文化行为和经济行为”，也“无法解释为什么那么多文化积淀相对落后的城市或地区能够后来居上”。事实证明，文化积淀论“不仅在理论上难以自圆其说，也无法对人类文明演进的历史和现实做出合理的解释”。

文化流动理论对文化积淀论的批判是一种“破”与“立”的关系，没有对文化积淀论的批判，不破除文化积淀论长期形成的思维方式，就没有文化创新的理论空间，文化流动理论也就很难真正立起来。可以断言，对文化积淀论的批判，必将从根本上改变评价和判断文化生成与文化发展的理论依据，极大地拓宽文化创新的理论空间，促使人们“树立一种新的文化观，去认识文化的本来意义、真正动力和规律”，具有不可忽视的理论贡献。

第三，创立了充满活力的新型文化理论，为全面认识国家和地区的文化现状，推动文化创新与文化发展，提供了新的理论参照。

创立“文化流动理论”的缘起虽然是“要给深圳文化找个说法”，“给深圳的文化自觉和文化自信奠定一个理论基础”（王京生语），但在客观上已形成一个科学的理论体系，其理论创新意义已超越深圳，面向全国。

通览《文化是流动的》，可见“文化流动理论”的核心论点主要包括以下几个方面：一是批判文化理解的传统方式和文化积淀论，为“文化流动理论”的出场扫清理论障碍；二是论述文化流动的客观必然性和具体途径，阐明在全球化背景下，文化流动既是一种必然存在，也是一种现实需要，文化既在时间中纵向流动，也在空间中横向流动；三是阐述文化流动与文化生成、文化发展的关系，明确“任何兴旺发达的地区一定是流动文化最活跃最激烈碰撞的地区”；四是阐明“文化流动过程就是文化创新创造过程”，区域或城市间的文化竞争，依赖于文化创新能力；五是明确“人是文化的基本载体，流动的人群是文化流动的承载者”；六是剖析移民、经济、文化产业、技术和城市等五大关键要素与文化流动相互作用的机理及其当代表现，并延伸至对身份认同和城市文化战略、城市兴衰等重要问题的讨论。

“文化流动理论”的科学体系与丰富内涵，为全面认识国家和地区的文化现状，推动文化创新与文化发展，提供了新的理论参照。它提醒我们不仅要看到五千年文明古国的文化积淀和文化遗产，更要看到当今世界文化流动和文化创新的大趋势；不仅要充分利用原有的文化存量，更要善于创新，扩大新的文化增量；不仅要重视文化作为精神价值与生活方式的精神引导作用，更要重视文化对经济的价值导向作用和发展助力作用；不仅要给深圳文化找个说法，更要为建设文化强国进行理论探索。

二 “文化流动理论”的实践意义

“文化流动理论”的创立源自生动的文化实践。当今世界的文化变迁，尤其是中国改革开放的伟大实践和深圳文化创新与文化发展的典型“样本”，提供了文化流动理论研究的现实依据，激发了创立这一理论的思想和激情。因此，在实践中形成的文化流动理论，实践性和创新性是它的首要特征，必然会对文化实践产生直接的指导意义。具体可从以下三个方面来看。

第一，为推进我国文化建设与文化发展，提升国家文化软实力，提供了富有创意的理论指导。

文化流动与移民、经济、文化产业、技术和城市等关键要素有着相互作用的内在机理。“文化流动理论”在分析研究这一内在机理的当代表现时，涉及我国文化建设与文化发展的一些根本问题，而对这些根本问题的研究和创新，对于推进我国文化创新，提升国家文化软实力，具有不可忽视的实践指导意义。突出表现在文化产业发展、城市文化建设、文化遗产与文化创新等关键层面。

“文化流动理论”认为，由于文化产品的快速传播，“文化产业在一定程度上已经成为现代社会中文化流动的基本形式”，“从根本上改变了文化的取向和发展路线图”。“文化产业所代表的文化制造能力和传播能力，影响着文化的流向，并将决定一个民族或国家在世界上的影响能力”。这些理论观点不是“文化流动理论”创立者的个人臆想，而是在分析研究国内外文化现状和国际文化竞争态势的基础上得出的科学结论。它表明，仅仅把文化产业作为经济发展产业结构中的一个部分，已远远不够。必须从文化流动的角度高度关注和重视文化产业发展对提升国家文化软实力、增强国家文化竞争力、维护国家文化主权所产生的决定作用，从而增强加速发展文化产业的自觉性和主动性，使文化产业成为文化建设与经济建设的重要集合体，成为强国富国的一个重要支柱。

文化流动与城市兴衰及城市文化建设的关系，是文化流动理论论述的重点之一，也是文化流动理论赖以支撑的核心例证。这方面的观点不仅鲜明响亮，而且话语铿锵、掷地有声：“城市有着促进文化生长和发展的良好环境，是促进文化流动的主要承担者”，“城市因文化的流动而兴，因文化的停滞而衰亡”。“文化的流动性本质要求城市文化的发展必须要在促进文化流动上做文章”，“在选择城市文化战略时，必须尊重‘文化是流动的’这一基本定律”。上述观点对于我国的城市文化建设与城市发展战略选择，有着直接的指导意义。它提示我们：无论是历史古城还是新兴城市，都必须把文化的流动作为其发展的主旋律，努力为文化流动创造条件。要通过文化流动来提高城市发展质量，增强城市文化竞争力，扩大城市影响力，促进城市经济的可持续增长。要从战略上确保城市在文化流动中处于有利位置，做大、做强文化设施，科学布局文化机构，着力凝聚文化人才和文化精英，不断增强文化原创能力和文化传播能力，高度重视城市形象、城市品牌的策划和打造。

全面正确地认识文化遗产与文化创新的关系，是文化流动理论批判文化积淀论时突出强调的核心内容。文化流动理论认为：“一个城市或一个国家的文化积淀，不仅仅表现在其文化遗产之中，还存在于文化作为一个复杂整体所形成的传统之中。”“城市的命脉不在于遗产式的文化积淀，而在于代表着创意和创造力的文化流动。”“一个城市的文化兴盛，有时候并不需要文化积淀作为根据和理由”，“绝不能信赖于所谓历史文化的底蕴和沉淀能在今天爆发出奇迹”。这些观点突出强调的是文化创新的核心主导作用，对于进一步明确当今文化建设的指导思想，抓住重点，把握方向，具有重要的指导意义。它提示我们：不能把文化遗产和文化积淀变成沉重的历史负担，一味地“吃老本”，而忽视当下的文化创新。文化资源既包括历史的遗存，更有当下的创造和增加，而后者体现一个城市或地区的文化创新活力。新兴城市虽然缺乏历史文化积淀，但同时也没有历史负担，因而文化创新的意识更强，动力更足，途径更多，效果更明显，完全有可能后来居上。

第二，为全面认识深圳的文化创新，正确评估深圳的文化形象与文化地位，提供了令人信服的理论佐证。

改革开放30多年来，深圳不仅创造了经济发展的奇迹，而且也创造了文化快速发展的奇迹。深圳城市文化竞争力在全国大中城市中排名第一，联合国教科文组织授予深圳“设计之都”和“全球全民阅读示范城市”荣誉称号，世界知识城市高峰会议把深圳评为“杰出的发展中知识城市”，《人民日报》赞誉深圳已进入中国文化的“第一方阵”。但由于文化观念和价值判断的不同，面对深圳如此众多的文化亮点，至今仍有人还停留在深圳是“文化沙漠”的错误印象中，总是以挑剔的眼光质疑深圳文化现状，诸如文化底蕴不足、文化品位不高、文化结构不够优良等论调时有出现，进而引起对深圳文化形象和文化地位的讨论和思考。

“文化流动理论”的缘起就是“要给深圳文化一个说法”。因此，以深圳为文化样本论证和阐述文化是流动的，就是“文化流动理论”创立的基本出发点。在《文化是流动的》一书中，不仅有一章激情洋溢地专论深圳，而且在其他各个章节的论述中，多次以深圳为实例。通览全书，“文化流动理论”关于深圳的论述，集中回答了三个现实问题：一是深圳文化创新为什么会有取之不竭的动力？二是深圳文化的突出亮点和形象高度是怎样形成的？三是深圳文化创新为推进中国文化走出去，实现中华民族的伟大复兴，做出了哪些突出贡献？这些问题的论述和解答，实际上直接或间接地回应了对深圳文化的质疑，为全面认识深圳的文化创新，正确评估深圳的文化形象和文化地位，提供了令人信服的理论佐证。

“文化流动理论”认为，“文化是流动的观念，为深圳彻底摒弃‘文化沙漠’之说，为深圳理直气壮地张扬自身的文化旗帜，奠定了坚实的文化理论基石”，“文化流动不息，深圳创造不止”。深圳文化创新得益于文化流动，与移民城市、观念更新、没有丰厚文化积淀这三个要素密切相关。

深圳是在改革开放的大潮中迅速壮大的新兴移民城市。移民是流动的，“流动的人群是文化流动的承载者”。深圳移民形成了新的深圳人群体，也给深圳文化创新输入了能量和活力，创造了全新的深圳文化。“文化流动理论”注意到，“过去，当我们谈论一个城市的文化时，更重视在历史上发生什么事，或者书上有什么样的记载，或者是建筑物是什么风格，留下了什么样的民俗，但是实际上却忽略了最重要的人。人的流动，各种各样的人的聚集、碰撞，必然会激活每个人身上的文化基因，产生新的文化形态”。“移民深圳的每一个人，都为了各自的梦想来到这里，对过去生活的不满足，对新的聚集地的希望，让这个城市汇聚了巨大的文化能量，孕育着文化巨变。”因此，从这个意义上谈论文化创新，“深圳是中国的一个异数和奇迹”。这些观点表明，移民带动文化流动，文化流动促进文化创新，文化创新扩大城市文化含量，提升城市文化品位。移民城市既是深圳城市特征的一个定位，更是深圳文化创新的集群优势，正是广大的移民使深圳这座城市生机勃勃，充满个性，使深圳文化创新动力不竭，活力无限。

深圳地处改革开放前沿，是产生新观念、激活新思想的地方。“文化流动理论”认为，“观念是最重要的文化资源，也是文化流动中最关键的要素之一”，“新观念是历史转折时期的产物，历史的转折越深刻，观念创新的程度也就越深刻”。深圳作为改革开放的排头兵、窗口和试验场，从一开始就经历着深刻的社会变革，并很自然地产生了“时间就是金钱，效率就是生命”等影响全国的新观念。随着时间的推移，深圳成为“很多影响当代中国的新观念的发源地”，产生了被誉为“中国改革开放的生动注脚”的十大观念。这些新观念本身就是文化创新的产物，进而又推动了文化创新。“文化流动理论”作为一种全新的学术观念和文化理论，之所以能在深圳产生和形成，也是得益于深圳的思想解放和观念更新。观念更新在推动文化创新的同时，也使深圳形成了独具特色和风格的现代观念文化，成为社会主义核心价值观的“深圳表达”，成为“为改革开放时代留存的共同财富”。

深圳没有秦砖汉瓦，没有丰厚的文化积淀，原有的文化资源相对薄弱，但在“文化流动理论”的视野中，“文化积淀不是文化资源的全部，城市的软环境甚至比硬环境更重要”。“文化的发展不仅仅是积淀一种方式”，更多的则是在文化流动中创新和发展。深圳没有丰厚的文化积淀，因而也没有因积淀造成的历史负担，反而激发出更强烈的文化自觉意识和文化自强意识，“有着在文化上崛起的理想与抱负，更有着把梦想转化为现实的坚守与探索”。换言之，正因为文化的流动，正因为坚信文化创造比文化积淀更重要，深圳才有底气、有胆识在全国率先提出“文化立市”战略，率先提出“实现市民文化权利”和“国家文化主权”的思想，才有信心“旗帜鲜明地打造独具特色的‘创新型智慧型力量型’主流文化”，才有气魄、有能力锻造文艺精品，打造文化品牌，创造文化 + 科技、文化 + 金融、文化 + 旅游、文化 + 创意的文化产业发展新模式，才能甩掉被强加在头上的“文化沙漠”的帽子，成为“文化创意勃发、学术睿智泉涌、文明浪潮波澜壮阔、文化产业百舸争流”的“文化绿洲”。

综上所述，“文化是流动的”观念使深圳变劣势为优势，自强奋发，后来居上，文化创新亮点频出，文化品牌影响全国，文化形象独具特色，文化地位举世公认，具有“观察研究中国当今文化建设的现实样本意义”，也成为“文化流动理论”的一个最为生动的典范和例证。

第三，为深圳学派建设奠定了理论基础，明确了研究方向与发展趋向。

深圳自1996年提出构建“深圳学派”的文化畅想以来，建设和形成“深圳学派”一直是深圳学人心中一个激荡不已的梦想。然而一个学派的形成，需要具备一系列必不可少的条件，其中最根本、最关键的条件就是要有体现学派构建的宗旨、指导思想和理论指向的学术理论。这是学派构建的基础。舍此，构建学派就成了无本之木，无源之水。近年来，“深圳学派”建设有声有色，成果频出，但仍缺乏能为“深圳学派”扬旗奠基的学术理论和代表著作。《文化是流动的》及其所创建的“文化流动理论”，为“深圳学派”建设打出了一面闪亮的旗帜，奠定了“深圳学派”的理论根基。

“文化流动理论”对于“深圳学派”建设的奠基意义，集中体现在明确宗旨、展现特性和确定研究方向这三个层面。

“深圳学派”的宗旨在《文化是流动的》中明确表述为“全球视野，民族立场，时代精神，深圳表达”。“全球视野”反映文化流动的时空和规律，体现深圳学术的开放；“民族立场”反映深圳学术研究的国家意识，体现学术研究的价值导向；“时代精神”反映深圳学派的学术品格，体现深圳学术发展的主要优势；“深圳表达”反映深圳学派的学术个性与原创特色，体现“深圳学派”的使命和担当。“深圳学派”的宗旨总体体现“深圳学派”建设与发展的文化背景、远大志向和鲜明特色，即在全球化背景下，充分揭示深圳作为当今中国文化“样本”的文化内涵与文化价值，为实现中华文化的伟大复兴和走向世界而进行学术探究，“让世界聆听中国文化的声音”，打造体现时代精神、具有深圳特色的学术文化精品，“以有为求影响，以影响求有位，以有位求壮大”，“在实干中打造出一个学术的新高地”。

“深圳学派”的品格特性是前沿性、开放性、创新性、实践性的集中统一，也是学派得以生成和壮大的重要条件。“文化流动理论”认为，"'深圳学派'应以思想解放为鹄的，蓬勃焕发又严谨执着，放胆争鸣，穷通真理"，"始终秉承卓尔不群、敢闯敢试的争鸣传统，不断形成求学问道的高雅追求，逐步培育出富有创新精神的学术群体"。换言之，"深圳学派"与传统学派有着明显的不同。首先，"深圳学派"不是一般意义上的学术流派，而是以改革创新为核心的时代精神的表达者和激扬者，要为中国改革开放的伟大实践立论、立言；其次，"深圳学派"以理论创新为基本追求，有着全新的文化理念和价值标准；此外，"深圳学派"不是一般地在学术研究方面标新立异，而是要充分展现特区学者的理论勇气和思想活力，发出属于自己的声音。

"文化流动理论"提示我们："深圳学派"本质上是文化学派。这一特质决定了它的研究方向是文化理论与文化实践。推进文化创新是"深圳学派"的首要任务，不仅要研究"文化的价值创新能力"、"文化的制度创新能力"、"文化科技的创新能力"，还要集中研究文化创新在文化观念、文化理论、文化产业、文化权利、文化服务、文化传播、文化体制机制、文化精品打造、文化人才培养等多个层面的生动体现，展现文化创新的开放姿态与批判精神。用一个形象的比喻，"深圳学派"不是要建造一个包罗万象、门类齐全的"商业大厦"，而是要营造一个专门经营文化的"文化精品店"，是要把文化创新鲜明地印刻在"深圳学派"的旗帜上，从而使深圳这个当今中国文化建设的城市"样本"，成为文化研究的重镇，起到领航和示范作用。

总之，"文化流动理论"为"深圳学派"高扬旗帜，一论定基，必将对"深圳学派"的建设与壮大产生深远的影响。

（作者信息：吴俊忠，深圳大学传播学院教授）

国际移民与国家身份

——来自澳大利亚的报告

已故美国政治学家亨廷顿在其名著《文明的冲突与世界政治的重构》中写道："（20 世纪）90 年代爆发了全球的认同危机，人们看到，几乎在每一个地方，人们都在问'我们是谁?''我们属于哪儿?'以及'谁跟我们不是一伙'?"[1]亨廷顿认为这不仅适用于冷战结束后出现的新民族国家（如从南斯拉夫分裂出来的人民）而且也属于"更一般的国家"。例如，对澳大利亚，该书就发表了这样的评说：

> 澳大利亚是试图背弃西方、追随正在崛起的非西方文明的许多可能的西方国家中的第一个。到 22 世纪初期，当历史学家回首往事时，可能会把基廷—埃文斯（澳大利亚政治家，两人曾于 20 世纪 90 年代分别担任澳大利亚工党政府的总理和外交部部长）的选择看作是西方衰落的一个主要标志。[2]

澳大利亚这个仅仅两千余万人口的南半球国家，之所以会让这位深谋远虑的美国政治文化策士如此大费周章，首先是因为澳大利亚对于今日世界具有特殊意义。而这种意义又是由其独特的国家身份问题所构筑的。

一 "太平洋国家"还是"亚洲国家"

在全球版图上，澳大利亚作为孤立而完整的巨大陆岛偏处于南半球，东西两边分别被印度洋和太平洋包围，南方则和另一个孤岛国家新西兰一道，与无人的南极洲相望，仅北部与亚洲南端的少数岛国接近，印度尼西亚是其最大的北方近邻。尽管它（与新西兰一并）是与西方世界核心地区距离最远的地理单元，但却是扼守南半球海洋世界的最大、最稳定统一而又最具有战略纵深意义的政治地理实体。1770 年英国殖民探险家詹姆斯·库克船长“发现”了澳大利亚大陆，1786—1788 年间，英国政府正式开始对其统治和移民，在其东南沿海设立罪犯流放地，这成为澳大利亚大陆“文明”历史的开端。而原已在澳大利亚生息了数万年之久的土著民族则遭到白人的大量屠戮和驱逐，正是在土著的血泪和殖骨之上，英国人逐步把这个流放场兴建成了新国家。早先有多个殖民区分布于澳大利亚的东南部、西部和北部沿岸地区，如同北美殖民地开始时的情形，各据一方自治经营，1900 年英国议会通过《澳大利亚联邦宪法》，次年，即 1901 年 1 月 1 日，各殖民区改为州，各州正式组成联邦，作为英国的自治领延续至今。

从全球视野看，这个新国家的孕育过程不过是西方早在 15 世纪就开启的全球地理探险、殖民扩张历史中的新一页：与澳大利亚几乎同时期兴起的西方外缘—新兴地区，包括北美和南非，都经历了极为相似的“开化”过程。例如，随着地理地质勘探活动的开拓、对大量矿产的需求和采掘手段的发展，这些地区相继发现了贵金属矿藏，特别是金矿，吸引了更多欧洲人和非欧洲人前往采集，于是在世界范围内引起了以这些地区为目标的越洋淘金潮。而这些地区基础设施建设的高潮——公路、铁路、城市和大片土地的开发也急需大量劳动力，也是第三世界海外契约劳工得以进入的原因。这些都促成了涌向北美、澳大利亚的短期或长期移民的浪潮，成为资本主义新兴国家早期发展的人口移动、会聚景观。

进入 20 世纪，澳大利亚不仅幸免于成为两次世界大战的主战场，而且从战时、战后经济贸易中获益良多，故其社会经济发展很快。澳大利亚的发展不仅与作为西方“飞地”的一系列新兴国家具有明显的同步性和同构性，而且也使它成了全球政治经济体系中的重要一极。然而，澳大利亚却又始终有着其他西方社会所不多见的国家身份焦虑，因而被亨廷顿归入“无所适从”的国家之列。

这种国家身份上的严重的不确定，首先明显地表现在：它对于自身的世界地缘特点所可能赋予的意义和作用难以定义，具体地说，澳大利亚作为一个以西方文化为根源的现代国家，在处理与亚洲国家及其文化关系时始终面对深刻的矛盾。其在区内的国际交往和政治角色的反复演变呈现为一条相当曲折的历史线索。大致上说，这一线索可划分出六个阶段。

第一阶段是其立国至第二次世界大战前。这一阶段的基本特征是以“英国属土”为自足意义，对亚洲采取排斥、防范和自闭的态度。自18世纪后期英国人正式殖民澳大利亚直至成立联邦国家的120多年间，尤其是19世纪中叶发现金矿的时期，各个自治殖民区都通过了限制华人和其他亚洲人入境的法例。这些法例成为1901年澳大利亚联邦成立的宪政基础的重要部分。正是出于协调各区关防、限制华人和其他亚洲人利用各殖民区之间的管理漏洞迂回进入澳境的需要，这个新生的政治联合体才迅即实行了一项“白澳政策”（White Australia Police），旨在把澳大利亚打造成纯种白人为主的社会。这一歧视性政策一经奠定，竟执行了接近70年。这为这个新国家打上了一个与生俱来的暗淡烙印。

第二阶段是第二次世界大战之前和战时，其特征是初步发展了与亚洲各国的共同战略利益。此前的澳大利亚，与国内实行“白澳政策”相伴随，与亚洲国家的正式接触很少，外交政策基本以英国为轴心并多依赖英国代行。1909年，即联邦成立近十年时，澳国才接受了当时清政府派出的总领事并与之签订了护照协议。第一次世界大战结束之后，迟至1931年，英国议会才通过《威斯敏斯特法案》赋予澳大利亚自主处理内政外交的全权（自此澳大利亚作为英国臣属仅具形式，英女王只在名义上为澳国元首）。1934年，澳国派外长访问了当时的中华民国和几个亚洲国家。不久，第二次世界大战爆发，英国在德国法西斯攻击下自顾不暇，迫使澳大利亚开展较为积极的区内交往，1940年9月它相继向美、日、中派驻了外交代表，1941年在华建立了公使馆。第二次世界大战炽热的1942年元旦，澳大利亚总理柯廷发表了一份具有历史转折意义的新年贺词，宣称澳大利亚将与亚太国家积极发展团结互助的关系。作为反法西斯联盟的一员，澳大利亚的北部领土曾受到南侵的日本战机的轰炸。战争危机促使澳大利亚认识到：它除了与亚洲邻国协同战斗，共担安危和国际责任以外别无选择，这为澳大利亚社会打开了一个全新的历史视界，也孕育了新的区内认同。

第三阶段是20世纪50—60年代。其特征是追随美国“抵抗共产主义”，成为西方对东方冷战中的亚洲“斗士”角色。澳大利亚在第二次世界大战中出现的国际关系的良性转折，因冷战格局的形成而转向变调：从战前的“英国臣属”、战时的亚洲盟友，突变成战后的美国仆从，快速滑入美国全球战略的轨道，而与亚洲多个国家的发展再度脱节和严重抵牾。1949新中国成立时，澳国采取了拒不承认的立场；次年（1950）朝鲜战争爆发，澳大利亚视之为“共产主义在亚洲地区入侵、扩张”的证明，把新中国视为头号敌人。它是美国之后第一个应“联合国”要求派兵朝鲜的西方国家。再次年（1951）的9月，它和新西兰与美国联合签订“澳新美安全条约”，三年后（1954）的9月，再与美、英、法、新西兰等联合签署《东南亚集体防务条约》。这两大条约帮助美国构建了针对所谓共产主义威胁的弧形军事同盟体系。紧接而来的1955年，澳大利亚就派兵镇压了发生在马来西亚的暴动，初显其国际准宪兵的角色；1965年，又以“遏制北越共产主义渗透”为名参与了美国主导的侵越战争。这样，在20世纪50—60年代，澳大利亚的区内活动便基本上为美国的全球战略所左右。

第四阶段是20世纪70—90年代中期，这一阶段的特征是亚洲政策大转向，多元文化主义崛起，其巨大变化用翻天覆地来形容并不为过。尽管此前已有迹象显示，为了平衡“冷战热角”的形象和发展国内社会经济，澳大利亚也采取了两手政策：一方面紧跟美国战略，另一方面也局部地修补其区内关系，例如，20世纪50年代推行的“科隆坡计划”就旨在为南亚和东南亚发展中国家提供国际援助，包括资助亚洲学生赴澳留学，1958年，它取消了“白澳政策”一项核心内容“语言听力测试”，即不再用严格的英语标准来阻挠、限制亚洲移民，到1968年甚至正式宣布废除“白澳政策”。然而，最显著的变化还要等到1972年工党政府上台之时。这一年，惠特拉姆领导的新政府对国家政策大转向作了这样的宣布：“澳大利亚将成为对亚洲事务不作军事干涉和反对任何种族歧视之国。”这一讲话清晰显示了澳大利亚国内和国际政策之间的关联。在这一年里，澳大利亚与中华人民共和国建交，随后也与朝鲜、越南等国建交，并从越南、新加坡、马来西亚撤回了军队。1973年，它颁布名为《非歧视性移民政策》的新移民法，表明其移民事务“全球一致，无人种、肤色和国籍歧视”，一举洗脱了这个国家和南非并列作为制度化种族歧视国家的恶名。尽管惠特拉姆政府在执政三年后

（1975 年）即被弗雷泽领导的自由党政府所取代，但已经开始的革命性转变仍然获得了延续。这种转变的部分契机，固然是 20 世纪 70 年代初中美关系“破冰”在西方激起的连锁反应，但澳大利亚的“过度抢进”也显示了其意欲重新开始寻找自己的道路的迹象。1977 年，澳大利亚政策的调整甚至促使《东南亚集体防务条约》在签署 23 年之后被迫终止（这或许应被视为亨廷顿所谓“背弃西方”的较早一步）；1988 年，在澳大利亚国庆 200 周年的同一年，中国政府总理李鹏作为非西方联盟的亚洲大国领导人首访澳大利亚。1989 年初，澳大利亚总理霍克在汉城（今首尔）首倡亚太经济合作论坛（APEC），同年 11 月，即在澳大利亚首都堪培拉主持召开了 APEC 首次部长级会议，澳大利亚由此成了 APEC 机制的策源国；1989 年 12 月，澳大利亚外长伊文思第一次使用了“全面融入东南亚”的提法，1990 年 7 月，伊文思再次提出一个仿效“欧安会”模式创设“亚洲安全合作会议”的倡议；1991 年 12 月，新任总理保罗·基廷更进一步提出了“澳大利亚的未来在亚洲”的战略思想，发展了一套“融入亚洲”的国内国际政策陈述，包括在国内民众中发动脱离英国的共和运动。1992 年，保罗·基廷提议召开亚太首脑会议；1994 年再次提出把澳大利亚—新西兰自由贸易区与东盟自由贸易区合并为一的设想；这一时期，随着澳大利亚申办 2000 悉尼奥运会的成功，澳大利亚多元文化宽容共存的文化特色和社会愿景进一步为亚洲和世界所认识。这也是澳大利亚随亚洲经济起飞而获得巨大发展的时期，它的对外贸易份额从侧重于欧洲转变为以亚洲为重。

顺便一提，正是这一阶段的发展引发了本文开头引述的亨廷顿对澳大利亚忧心忡忡的评说。并且，针对这个国家对外关系的摆动所体现的国家身份问题，亨廷顿还提议澳大利亚应转而与美国建立更深的同盟关系，把自己“确定为一个太平洋国家而不是一个亚洲国家”，因为他认为，澳大利亚像美国一样具有英国本源，也是欧洲人占绝大多数的移民国家，价值观相近，因此不应竭力挤入一个“文化上相异的（亚洲）集团”。亨廷顿提议“把北美自由贸易协议扩大成北美—南太平洋联盟，包括美国、加拿大、澳大利亚和新西兰”，以便“协调文化和经济，并为澳大利亚提供一个坚定而持久的认同”。[3] 事实上，在下一阶段，人们看到，亨廷顿的这一提议对澳大利亚并不是没有产生实际影响。

第五阶段，1996—2007年，随着“后冷战”形势的发展，澳大利亚的角色再次出现明显转变。在约翰·霍华德政府的操作下，它的国内国际政策逐渐向“右”突击。约翰·霍华德本人在上台前就提出过“一个国家”理论（意即反对澳大利亚被不同来源的文化分裂为“多个国家”），上台后即与保守民间势力兴起的反移民、反多元文化的“汉森主义”默契互动。1997年，澳大利亚发表了一份《澳大利亚战略政策》，通过扩展定义其安全战略利益区，从传统的东南亚、南太平洋扩至东亚、美国和南亚地区，显示了与美国“安全”概念交叉重合的态势；1999年，霍华德借出兵东帝汶维和之机，提出了所谓“霍华德主义”的“交叉理论”（即干涉主义）。2000年，澳军再次出兵平息斐济和所罗门政变；同年12月，发表新的国防白皮书，这一文件在2003年又进行了重要修订，重点在于改变20世纪70年代惠特拉姆以来的非（军事）干涉政策，宣称对“邻近国家以远”的危机也有权采取军事行动——事实上，它既是对已在东帝汶、斐济、所罗门等地实施的军事行动合法性的“追认”，也是为其后来在2001年和2003年以反恐名义参与美国在阿富汗、伊拉克的战争提供的政策依据。2003年12月，澳大利亚还宣布加入美国的导弹防御计划。澳大利亚的这一系列动作，大有重返当年作为美国仆从阶段的态势。

然而，时代毕竟不同了，“霍华德主义”操控下的“倒退国家”在一个政治经济面貌急速改变的亚洲和世界面前举步维艰。目前，澳大利亚正处在国家定位的第六个阶段，态势再次扭转。2007年，由凯文·拉德（陆克文）领导的工党在大选中全面胜利。新政府甫一上台就通过加入《京都议定书》、撤军伊拉克和促使构建中的美、日、澳、印同盟机制缓行等举措，来拉开与美国国际政策的距离。当然，人们必须看到，如同上一阶段霍华德时期一方面跟进美国战略，另一方面也竭力维持和亚洲日益增多的联系（霍华德向其西方伙伴解释说，这种发展着的联系是“实用主义”的）一样，新生的陆克文政府虽然显示了回归区内信任的决心，也未必意味着最终要与“美国优先”的对外关系主轴脱钩。当此全球化时代，澳大利亚一个逐渐成形的主流选择是：经济发展倚重于亚洲，安全战略维系于美国，总体上运用其文化身份的多元、模糊不定所形成的弹性，左右逢源地充当区内和世界多种力量的协调人，以此来维护和发展自己的利益，尽管这并不是没有代价和风险——尤其是对于其自立于世界强大国家的政治文化雄心而言。目前的澳大利亚似乎尽量在“亚洲国家”和“太平洋国家”之间谋取一个平衡、兼容的“亚太”国家身份。历史的回顾显示，这种国家身份的探索和实验仍未有穷期。

二 “白澳”国家还是移民国家

综上所述，对澳大利亚的考察有几个要点：第一，澳大利亚在国际格局中的定位变化始终是比较激烈、明显的，政策摆动幅度之大，确为其他西方国家所少见；第二，这种变化和其国内因素有着深度的牵连（通过选民影响的政府更替和政策调整来体现）；第三，虽然这个国家的基本政治经济制度自立国以来一直稳定至今（除第二次世界大战期间外，社会生活基本没有发生剧烈振荡），但与其自身存在意义相关的文化身份问题始终没有很好解决，这是一种有别于领土的、物质的“意义”问题，但绝不因此而缺少其严重性。以亚洲崛起为诱因，这一问题导致20世纪90年代兴起的一场“文化战争”（恰好和本文开头所引亨廷顿描绘的全球“认同混乱”同一时期，而且也成为其标志之一）。这种“文化战争”提供了一个切入点，帮助人们理解与澳大利亚在世界格局中的立场变动和反复选择有关的内部情势。当然这种情势是一种动态的结构。其中包含了三大问题：土著问题、移民问题和多元文化主义问题。因本文篇幅关系，下面重点就前两个问题作考察。

（一）土著问题

澳大利亚的“文化战争”涉及对世居土著族民的处置，乃因它与世界上其他新兴西方国家（日本除外）一样，有一个共同的历史噩梦：土著居民早在欧洲白人“发现”诸新大陆之前即已先行存在，并在白人移民国家建立后遭受巨大苦难。相较于北美，由于澳大利亚没有大规模贩卖黑奴的过程，因此也没有北美那样尖锐的“黑白”矛盾，但肤色灰黑、浅棕的土著人口仍成为历史和现实中严峻的社会难题。白人立国之前，土著已在澳大利亚大陆生活数万年，白人抵达时的土著人口约有五六十万，伴随着白人逐渐占领大陆所有最宜居地区，数以十万计的土著被屠杀，剩余的数万土著居民大部分被驱逐到条件艰苦的中部沙漠保留地。实际上，进入20世纪后，澳大利亚土著群体在社会主流结构之外的生存状况已极为恶劣，甚至濒临灭绝。在“白澳政策”之下，白人政府的一个“善行”是从这些土著家庭中强行收去大批婴儿，转交给白人家庭管养，以利“同化”。这不仅令土著再增家庭离散之苦，而且造成今日土著中有大量找不到亲生父母的后裔，被称为“被盗去的一代”。土著及其文化的急速衰亡不仅在澳大利亚所宣称的文明价值体系中裂开了一个刺眼的伤口，成为国家的耻辱，而且也有碍于来自西方的白人在完成殖民后转而扮演“属于当地传统的守护者”[4]这一角色。在国际国内压力下，尤其是在20世纪60年代末、70年代初“白澳政策”被废除之后，土著在人口养育、就业、教育、政治参与和文化保存等方面都获得了很大改善。然而，与此同时，权利意识的觉醒也使土著的索偿诉求冲击着现代澳大利亚社会，其标志性的事件是“马宝法案”：土著岛民艾迪·马宝及其同胞在20世纪80年代提出了一项诉讼，要求索回他们在澳大利亚北部马尔岛的土地拥有权，其理由是世代早居于此，先于白人殖民者的“发现”和占领。该案的审理延绵10余年，中经多级法院“驳回—上诉”的循环周折，直到马宝本人1992年逝世后近半年才在联邦高等法院胜诉。终审判决认为，假如土著能够证明其与某一块土地有着“不可分割的联系”，即应享有地权，但这一规定仅适用于占全澳境12%的土地，而且必须是公地，而非已确立了私人业权的土地。这一历史性的判决成就了土著争取恢复原住民权利的一大胜利，尽管它也给其他援引这一案例争取同样权利的土著人民设下了限制。这些限制不仅体现了这个白人移民国家作为既成事实的制度基础（完全推翻这一基础则使现实社会崩溃），而且还体现了西方法理与土著文化的冲突：要举证自己和一块土地有“不可分割的联系”，必须有现代法律认可的证据，而大多数土著有的只是传统的神话、传说、歌谣中饱含伤感的祖先家史，何况这些材料也因土著生活流徙和环境激变而面目全非，难以复原，只有“文化记忆”的价值。这种“文化记忆”既断裂于西方白人的殖民史诗，也很难在西式法律的意义上生效。土著坚持把现代澳大利亚的国庆节称为“入侵纪念日”。土著权利的完整恢复事实上是一条困难重重的无尽之路，这成为对于国家统治结构合法性的历史文化根源的一个长久质疑。2008年，凯文·拉德领导的新政府在胜选后的数月，首次发布了其前任霍华德政府一直不愿表达的对土著的郑重道歉，这是澳大利亚土著关系历史上的一个标志性事件，尽管它并不足以冰释这一历史前嫌，但也充分显示了土著问题对澳大利亚国家文化身份的重要性。

（二）移民问题

作为本来就是由移民建立的国家，现代澳大利亚的移民问题是今日国家生态的一部分，这不仅是指澳大利亚需要通过不断补充外来移民以维持、推动社会经济和技术的提升，移民政策通常成为各政党和社会团体的日常议题，而且也是指移民问题维系着澳大利亚对自己国家身份的动态建构。它其实仍和上述土著问题有隐秘的意义关联（很少研究者指出这一点）。对澳大利亚（以及其他移民立国的新兴西方国家）来说，持续地接受外来移民，适度淡化、缓解对早期白人占领历史的批判压力，而强化作为移民“共享”国家的意涵，把统治的既成事实变成一个长期的国家特性展现过程，以修补西方文明华美约言的伦理漏洞（这样，统治阶层不仅在面对土著时看起来是“本土”传统文化的守护神，而且也是面向外来文化“开放”并以之不断“丰富”既有文化结构的进步天使），这可以使当年西方白人殖民的黑暗史实被编织进一个由不同的移民参与其中的、不断“丰富”和“进步”的时间序列之中，国家身份也就在移民动态中获得某种合法化、合理化的意义资源，① 有关“移民国家”的持续叙事于是成为其“澳大利亚性”的正当性基础。笔者认为，这应是深度观察西方有关国家移民论述的一个重要视点。

然而，澳大利亚移民事业的发展和上述的意义探索过程是相当曲折的，充满了文化的困扰和利益的冲突。其中，华人移民在澳大利亚的经历又是一个最有代表性的指标。

尽管有历史学家相信，华人是本地土著以外最早进入澳大利亚大陆的人种，但有文献确切记载的华人入境始于1848年，即中英鸦片战争后的第8年，该年，中国的第一批“契约劳工”被用轮船运抵澳大利亚。据记载，早期到达的“这类苦力是从中国农民的低下阶层中招来的；他们体力不佳，品质低劣”[5]，大部分来自广东农村。随着1850—1851年

① 着重号为笔者所加。

澳大利亚发现金矿，更多的中国劳工被各种开发公司和劳务公司招往“新金山”（区别于稍早于澳大利亚发现金矿的北美“旧金山”），抵澳华人数量最多时达到42000人，居非白人人口之首。受部分来自欧洲的白人淘金者嫉恨华人的影响，最早发现金矿的维多利亚殖民区也最先通过了限制华人法案（每十吨船载量限载1名华人，并征收十镑人头税）。此时各地排华暴行不断发生（如1857年发生了巴克兰河大屠杀）。1877年，从另一个殖民区昆士兰引发了全澳性的第二次排华浪潮。1880年，全澳各殖民区召开第一次区际会议，设立了一个有关“中国（人）问题”的议题，结果导致除西澳殖民区外的各区都通过了限制华人的移民法。这一情况和发生在世界其他“金山”（如北美）的情况如出一辙。例如，1882年和1885年，美国、加拿大分别通过了排华法案。针对美国的案例，历史学家史景迁（Jonathan Spence）评论说：“这是美国历史上第一次以立法的形式做不利于其他人民的事。”[6]同样的评价几乎可以一字不易地移用到澳大利亚的早期政治史上——1888年召开的全澳第二次殖民区区际会议秘密议决要完全禁止中国人（含属于“英国臣民”的华人）移民澳土。1896年，第三次殖民区区际会议上，再次通过“有色人种限制规定”，除华人外，限制的对象扩展到其他所有有色人种，包括“亚洲、非洲、太平洋岛屿原居民”。可见移民特别是华人移民的命运，和澳大利亚土著的经验实有历史的关联。1899年，邻国新西兰追随澳大利亚也通过类似的排华法案。至此，大洋洲的主要国家都向以华人为代表的非西方移民关上了大门。可以说，随之成立于1901年的澳大利亚联邦及其制定的“白澳政策”，就是以排华、排亚为要旨的。在这一政策下，延至新中国成立之前，在澳的原中国移民已锐减至约9000人，其中，属于早前入澳的第一代移民仅残存5000人。他们大都艰难生活在一个“黄祸”意识盛行的社会的底层。

第二次世界大战后，因澳大利亚推行“科隆坡计划”，亚洲国家开始有小量以留学生形式的赴澳移民。随着“白澳政策”在20世纪50年代后期的松动到20世纪60年代末的废除，特别是1973年非歧视性移民政策的颁行，亚洲和华人移民的规模化才逐渐成为国家的常态。这里有好几个高潮。一是20世纪七八十年代在联合国协调下，从越南、柬埔寨等印度支那战乱地区怒海逃生的难民被澳国大批接收，二是20世纪八九十年代担忧香港前途的香港移民，三是1993年底的一项特别决定，使大批海外留学生转变为定居者，约有 5 万名中国留学生及其亲属因此成为合法移民（这也是“淘金时代”之后最大一拨华人移民潮）。这几次较大移民潮中，华人都是主体，而且尽管其各有不同的来源地、以不同的历史事件为背景，但都发生在 20 世纪 70—90 年代澳大利亚积极面向亚洲的时期，因此绝非偶然。这些移民大大扩充了在澳的非西方族裔特别是华人社区，全面充实了华人的经济、技术和文化艺术资源，也为这个国家进入 21 世纪之后选择把发展天平进一步向非西方的亚洲偏重，奠定了一个重要的社会基础。中国现在已成为澳大利亚的第一大贸易伙伴（澳大利亚则是中国的第六大贸易伙伴），正是这一点的部分证明。

然而，澳大利亚历史上始终没有停止过对移民问题的争议。甚至也就是在上述时期，亚洲移民的增减和待遇也成为“文化战争”的一大战场。最引人注目的几个事件是：1984 年，杰弗里・布兰尼教授发表反移民观点，引起全国性的辩论，亚洲移民首当其冲；1988 年，史提芬・费兹杰拉尔德博士发表研究报告，认为澳大利亚接收、增加移民是必要的，但只能以遵守“澳大利亚惯例”为条件，并且移民不应都拥有澳大利亚公民权（实际上是主张非西方移民回复到历史上二等居民的地位）；同一年，政治家约翰・霍华德提出了“一个国家”（One Nation）理论，发展了 1984 年的布兰尼教授的观点，即认为亚洲移民将改变澳大利亚国家认同（身份）并破坏国内人民团结，因为他们背景的文化传统与“澳大利亚文化传统”多有乖违，并且相对“坏”和低下；1996 年，由霍华德领导的政治右翼联盟党团上台，在大幅扭转其前任总理保罗・基廷“脱英入亚”进程的同时，与民间兴起的汉森主义默契互动；1998，“一个国家党”成立，服务于该党纲领的学者甘桑・黑格（Ghanssan Hage）论证说：基于自 19 世纪以来澳大利亚就是白人统治的历史事实，土著和别的“少数民族”参与和决定澳大利亚国家事务并无足够的法理依据……这些包含种族主义或准种族主义的思潮、运动沉渣泛起，也受到了批判和反击。如著名学者卡勒林・别特（Katharrin Bett）和钟・斯特拉登（Jon Stratton）等人于 1998—1999 年数次著文强力批驳上述论述，认为它们无非是以纯种优等白人自居，无视不同背景移民对澳大利亚国家的历史贡献，无视这个国家本来就是移居者社会的特性，用虚拟的“西方白人认同”来坚持单一主流文化立场，以抵抗文化多样性。

三 “单一国家”还是多元（文化）国家

与澳大利亚国家身份相关的文化战争的第三个问题——对多元文化主义的褒贬取舍，因涉及西方社会思想的普遍困境，牵连甚广，此处不便详述，仅为收结本文顺作交代。

事实上，在澳大利亚语境中，多元文化主义与上述两个问题是互相涵括的关系。20 世纪 70 年代，澳大利亚借鉴了加拿大政府首倡的多元文化主义政策，而其实施力度则有过之而无不及。在一个长期实行白澳政策的社会，这一选择为整个国家的行政设置、人口背景、文化风貌和资源分配结构都带来了巨大变迁。多元文化主义的政策要求从宪政到社会服务都满足人人有权“表达和分享他们独特的文化遗产，包括语言和宗教”，不论其来源地的文化背景如何都“有权获得平等的对待和机会”，以“维持、发展和有效地运用所有澳大利亚人的技能和才智”的指标。[7]这样，澳大利亚的多元文化主义就不仅一举包揽前述的土著历史和移民现状，而且面向更多的外来影响和内部变迁，从意识形态到社会风气都为国家身份的新建构规划出一个远大的、开放性的前景，并为各种文化的共处、兼容和分享设置了社会平台。然而，在多元文化主义实施多年之后，也有越来越多的知识精英和民间保守势力开始质疑多元文化主义的价值和社会成就，其高潮就是 20 世纪 90 年代中期“汉森主义”的崛起：一个名叫波琳·汉森的国会议员，在一次国会演说中公开表达了对“真正的澳大利亚人”被“剥夺”的抗议，以此煽动一种“怨恨和仇视的政治学”。[8]它与其后在法国兴起的勒旁主义并列而为 20 世纪后期西方政坛两大种族主义——准种族主义现象，为世所瞩目，更在澳大利亚引发政治地震。20 世纪 90 年代后期执政的霍华德右翼政府，则承接了这种对多元文化主义的“突破”并与之朝野互动，标举名为“一个国家”的政治纲领（波琳·汉森本人也创建了“一个国家党”）。这种“一国论”，以防止不同的文化集团把国家带向分化、分裂和冲突，坚持和发展统一的国家文化身份为号召。从某种意义上说，这种主张几乎可以看作是亨廷顿有关国际政治“文明冲突论”的国内版，预设了不同文化具有不可变易和难以交汇的根性、纯粹性，其间关系或应区隔

（国际），或应同化（国内），土著和外来移民如若不符“国家标准”，则不应纵容。汉森主义、霍华德主义并不是没有抓住多元文化主义某些理论上和实践上的软肋，但他们的“一国论”却无法解决也无意解决这样的根本疑难：在一个本来就主要由移民组成的国家里，怎样化解“盎格鲁体制”不证自明的主导地位这个文化上的“硬核”？正是这样的硬核始终阻碍、困扰着澳大利亚国家身份的解决进程。正如卧龙岗大学教授温卡·奥门森所指出的，问题的关键是谁才是“澳裔”？谁才是“我们”（“澳大利亚人”）？国家是谁的？在“一国”之内是否有些公民比其他公民更有资格来占有对这个国家的文化身份的定义权？[9]

另一方面，已有国际学界的澳大利亚研究认为，即使经历了“数十年来密集的多元文化影响”之后，其“社会的核心制度基本上没有改变，属于单一文化”。在多元文化百鸟朝凤的绚丽风光中，这个社会的真实图景，其实是“种族和文化多样性环绕之下社会建制的单一文化核心”，即“盎格鲁体制”对社会资源的牢牢掌控。[10]从这个意义上看，澳大利亚作为“一个国家”本来就不成问题，问题只是在于随着多元文化的发展对社会基础越来越大的改变，保守的主导势力是否愿意出让按照多元文化主义的理想本应分享的国家资源——包括物质的、制度的和意义上的资源？

从澳大利亚的案例，可知一国身份涉及文化、政治、经济等多方面的权力、利益及其动态调整的方案选择，它既与一国所处的世界格局有关（这种格局限定了可供其选择的空间），也受国内历史传统、社会势力和人口的族群文化背景结构的变化牵制，而有关意义的思想观念也在其间具有巨大作用。在此，本尼迪克特·安德森的民族（国家）“想象”理论可以获得必要的补充：现实格局并不排除想象的参与、介入，甚至它就是经由这种想象设计、创造出来的，但已经被创造的东西即有其现实性。新的“想象”固然可以对既有现实挑战、超越（比如，多元文化主义的理想、保罗·基廷式的亚洲身份“想象”等都一度得势），但既有现实格局又是想象运作受制于其中的语境。不难理解，上述涉及澳大利亚国家身份规划的意义疑难与其国内、国际现实是高度混合交集的：澳大利亚在20世纪后期亚洲移民的涌入无疑改写了其内部的文化地图，加强了它和亚洲在贸易上和精神上的联系，并为一度冒升的“走向亚洲”、“融入亚洲”的自我想象提供了基础和动力，而其盎格鲁文化核心的征服历史及其在现实社会结构中的支配性，又使它不能不和国际性的西方主导势力保持关联与有机互动；澳大利亚历经多番“共和运动”和“脱英入亚”的热议，却至今仍没有摘去头上一顶“大不列颠属国”的帽子，这是新兴西方国家中的唯一例外。这已经无关任何实际利害，而主要与其部分国民历史想象的象征需要和平衡政治地理疏离感的“意义”沿袭有关。所有这些都使澳大利亚在来自不同方向的巨大力量的撕扯之下，经历国家身份上的深重疑难。但在可见的未来，无论发生怎样的演变（甚至出现奥巴马式的非主流族裔领导人），澳大利亚仍将是这样的“一个国家”：它被迫因自己特有的多样性去不断追问自己的身份。

澳大利亚案例提供了这样的启示，不仅第三世界的人民和文化有其“后殖民处境”，而且某些西方国家，特别是那些通过西方势力移民建立的新国家——原属老帝国的殖民地后来转变为独立政治实体的西方国家，也有其“后殖民处境”。这两种后殖民问题当然具有很不相同的性质和特点，但这至少说明了，“西方”并不是铁板一块和同质的。对澳大利亚式的年轻西方成员国来说，它们总体上有一种双重身份：一方面作为昔日的“臣属”和今日的“新贵”，面临着如何摆脱历史负累（这种负累与其国内、国际新的发展机遇不相称），而为自己重定位、重定义的难题；另一方面作为西方的一部分，又扮演着西方全球主导权（霸权）的协同角色，而需要依从西方的整体利益和意义设置来调节其面对国内国际形势变化的立足点。在今日世界上，它们处于一种“中心的边缘”或“边缘的中心”的地位：在西方世界中，它们的角色有某种边缘性，而在面对第三世界的时候，它们又具有协同于西方霸主的中心性、主导性优势，从而与第三世界的后殖民问题相区别。

同时，澳大利亚案例也说明，对世界文化政治的版图，不宜总用“极化”的理解来简单处置，无论世界已经进入、即将进入或正在进入“单极”、“数极”或“多极”的时代，总存在广大和多样的中间地带。如果“极”的概念包含着能量和实力指标的话，那么，正是在这些中间地带的复杂生态之间，孕育着权力关系变动的无限可能。既然世界结构此消彼长的变化不会终结，对各种中介、桥接、复合、转换的因素的关注也就不会是多余的。这种关注还提示人们，一个国家（无论其是否为现实之“极”）的内部和外部、自我和他者的种种界限并不是绝对的

(比如，对澳大利亚式的国家而言，有关移民的思想和制度就是一种非常重要的“越界”因素，既是国内问题也是国际问题，这大大有别于中国问题的研究)，这样的界限当然也就需要动态的考察去穿越。

新时代出现了移民激增、文化杂交、族群涌动的形势，使人类面临越来越多的文化适应和身份重构，也把国家水平上的社会组合带到了身份认同的挑战的前线。面对这样一幅“多种后殖民处境，多重身份问题”的错杂图景，澳大利亚国家身份问题提供了一个重要的视点。

（作者信息：钱超英，深圳大学文学院教授）

注　释

［1］［美］塞缪尔·亨廷顿：《文明的冲突和世界秩序的重建》，新华出版社2002年版，第129—130页。

［2］同上书，第165页。

［3］同上书，第165—166页。

［4］［美］本尼迪克特·安德森：《想象的共同体：民族主义的起源和散布》，上海人民出版社2005年版，第169页。

［5］C. W. 蔡：《中国人在澳大利亚的移植和定居》，商务印书馆1984年版，第5页。

［6］［美］史景迁：《文化类同与文化利用——世界文化总体中对话中的中国形象》，北京大学出版社1990年版，第54页。

［7］James Jupp, *Understanding Australian Multiculturalism*, Australian Government Publishing Service, Canberra, 1996, p. 9.

［8］钱超英编：《澳大利亚新华人文学及文化研究资料选》，中国美术学院出版社2002年版，第374—388页。

［9］同上。

［10］Adam Jamrozik (with Cathy Boland & Robert Urquhart, 1995), *Social Change and Cultural transformation in Australian*, Cambridge University Press, p. 11.

华人移民文学在一个英语主流社会传播命运的考察

文学，这种对一般交流符号（文字）的“误用”，究竟是拓展了人类的相互理解，还是总会造成一些理解的智力永远无法照亮的角落，从而使一些群体自守其高度发展的内在秘密？从传播研究的角度来看，移民文学的难题在于：一方面它可以是文化的指标；另一方面它又以其想象性信息的混杂性而难以被确切地把握。

在跨文化、跨语种的领域，常常有一种有待证实的希冀，认为随着文学交流的发生与扩展，它可能增进属于不同语言的族群相互接受。西方的国家文学选本不断增加出自“少数民族作家”的“多元文化创作”的事实，支持了这种乐观主义的想象。在这两种想象（文学的想象和关于文学的社会想象）之间，华人移民文学，因其语言文化对于西方主流语言文化的巨大差异，以及它们交流场景的切近所造成的张力，提供了富有潜力的研究空间。

本文不是关于文学艺术作为跨文化传播现象的理论性思辨，而是对一个西方社会发生的华人文学传播命运的具体观察。此种观察，旨在检视上述两种不同的想象背后的文化动力和社会过程。

一

本文所讨论的华人移民文学，集中指20世纪80年代后期、90年代初期大批抵达西方国家的中国内地背景移民中产生的文学，本文的考察则以澳大利亚为案例。在一度进行过的研究中，我发展了“新华人文学”这个概念作为新的一代移民文学的标识，以便使这一研究对象获得突出地位：它区别于传统华人移民的表达，也区别于当代来自其他非中国内地（如港澳台和东南亚）的华人移民的文学。[1]

当我这样做的时候，我注意到：第一，一种新的移民文化背景的注入，不仅是在澳大利亚一国，而且是在全球范围内所有西方主要国家通过数十万中国内地移民在同一段时间涌现而形成的现象，它为这些国家华人社会增加了文化表达的“象征资源”；第二，正是这种现象的出现，使得世界华人文学中的“海外”部分，发生了深刻的格局转变。比如说，我们曾经较多地感受到那些来自其他背景的海外华人作品（如白先勇、聂华苓、陈若曦等）的影响，但20世纪90年代以来，我们发现，一个新的影响的源泉正在形成，它通过广为人知的《我的财富在澳洲》《曼哈顿的中国女人》等“流行性”作品，和相对集中在“纯”文学领域的虹影、查建英、严歌苓、张翎等作家，而为中国内地的读者所知悉；此外，这个源泉也开辟了一片暂时不为中国内地读者直接感知却在海外社会逐步扩展的传播范围——诸如北岛、杨炼、高行健等曾在中国内地从事过文学活动者的新近动态，其实只不过是这个范围内的部分消息而非全部消息。至于这个范围内的其他情况，包括大批以前从未曾在中国内地从事文学活动而在远赴海外之后才崛起的作家的创作影响，也强有力地参与模塑了这个新源泉的形态和规模，从而促成了“新华人文学”自20世纪90年代以来的繁盛。

作为这种繁盛景象的一个例证，仅以澳大利亚新华人文学来看，近十年来中国内地已有超过30家出版社，断续地印行过相关的作品；如果加上香港和台湾地区的出版情况，这个数字将增加到50家以上，这还没有算上由新华人在澳大利亚当地印行的单行本、选集，也没有考虑到自从他们抵达之后在当地创办的大批报刊，更没有考虑到他们的文学影响在另一个传播空间——英语世界里的存在。

因此，观察这个新的源泉，事实上存在着不同的视点。第一个视点来自那些当地华人文学的圈中人，或者说，来自那些华人作家们从其目前的生活和创作基地所形成的观察眼光；第二个则是从原居地（这里主要指中国内地）出发的视点，即母国对这种文学的处理；第三个是所在国“主流社会”的视点，这个视点主要通过英语传播界、教育界和学术界对这种新的华人文学的报道、批评反应和研究动态来体现。

在以前的研究中，我曾努力穿越于这三种视点之间，以探寻对澳大利亚新华人文学所具有的文化意义的可能解释。但是，假如我们需要把不同视点所形成的问题分辨得更清楚些，假如我们认定，新华人文学发生在一个人们直接面临“全球化”文化交往的场景，其对研究中国人、华人乃至第三世界文化的处境和身份是富有意义的话，那么，对英语世界如何处理这种文学，也就自然应该给予一番专门的关注。

尽管实行了20多年的“多元文化主义”种族政策在今日的澳大利亚饱受争议，但是随着国内和国际社会处境转变而带来多元文化现实，却仍然支持着澳大利亚文学界对非英语文化兴趣的发展。这种兴趣尤其可以从对于“中国”和“中国人”面目的热烈探寻中获得大量例证：张戎的《鸿》虽然出现在英国，但它在澳大利亚的传播同样成功（如果不是最为成功的话）；高行健在获奖之前数月，唯一出现的英文小说译本《灵山》（*Soul Mountain*）就是由悉尼大学亚洲研究中心主任梅布尔·李（Mable Lee）教授翻译的，她同时也是杨炼诗歌在英语世界的主要译者和出版者。高行健和杨炼的文学活动都和澳大利亚有密切的联系。从一位年轻的文学活动家 Rodney Noonam 送给我的为悉尼某图书馆所编的华人作家资料索引上，我看到关于他们身世、作品和评论的资料目录和大批定居于澳大利亚的新老华人作者的资料目录编在一起，推介给澳大利亚读者。指出这一点是为了说明，我下面所考察的澳大利亚新华人文学在英语世界中的存在，在此背景下并不是什么值得特别惊奇的现象。为了使问题相对集中，我的考察范围，主要限定在那些相对固定地居留于澳大利亚的华人作者及其作品。

二

属于澳大利亚“新华人”的文学作品较早进入英语世界的事件之一，是方浪舟的诗。方于1964年出生在福建一个道士之家，童年居于福建山区，后来成为文学教师，赴澳后居于墨尔本，曾在塑料厂做工人。20世纪90年代初他的短诗陆续见于澳大利亚的中文报端。其中很少容纳这个时代中国诗人所多见的激动，也没有显露出中国内地20世纪80年代新诗潮对他的影响，而是在中国新诗相对守成的形式中透出对自然事物的宁静感动。1993年，他以辛苦打工积聚的钱作为出版资金，通过悉尼双语教育出版社（Bilingual Education Press）出版了自己的诗集《鹰的诞生》（*The Birth of An Eagle*，1993），这本薄薄的诗集以中英文对照的版式印制，英语译者为张立中（Zhang Lizhong）。这件事虽然波澜不惊，但却是新华人作品第一次以较完整的诗人形象进入英语世界。根据曾任“新州华文作家协会”副主席的作家赵川（Leslie Zhao）发表在“澳洲诗人协会”主办的一本诗刊上的文章忆述，在澳国社会较为浓烈的诗朗诵风气下，方浪舟的“这本双语诗集，不但成了他的身份证明，而且为雪梨的一些诗歌朗读场所，添加了一幅有趣风景。这幅风景是由方浪舟、他的《鹰的诞生》和诗人协会的大卫·凯利组成——由于诗人协会和一些热心人士的推介，方浪舟不时获邀出席一些朗诵会。当时小方的英语不行，他只（朗）读中文，由大卫·凯利帮他读英文翻译。在台上，小方总是很拘谨严肃，而大卫总是轻松幽默，不时插进一两句笑话。他俩往那儿一站，那样子，就已经像一出喜剧小品”[2]。方浪舟介入英语世界的诗歌朗诵，其后果之一，是带动了悉尼其他新华人作家日后参与这类直接面对英语文学受众的活动。

人们无法确切证明是不是方浪舟的“道家”诗风，使他那些并不前卫也不尽成熟的作品一时间竟被推到华人写作面对英语世界的前台。但他的例子至少说明，无论多元文化主义推动的多语言教育扩展到了何种规模，英语的翻译（无论是书面的或口头的）对非英语文学的传播都是至关重要的。在方浪舟之后，由杨舜和王一燕（Robyn and Yiyan Wang）所编辑的《纸上的脚印——澳大利亚中英文双语诗歌散文集》（*Footprints on Paper*：*An Anthology of Australian Writing in Engilsh and Chinese*，1996）出版。这是一种更有魅力的双语传播尝试，由于该书汇集了澳大利亚30位英语和汉语作者的作品，每一种原文都被对译成另一种语言（中文部分还加上了简体和繁体的对照），所以成了一次具有更广泛影响的实验，也是对新华人文学的一次小小的检阅：书中所选作者的半数，即15位华人，其中就有9位属于我所定义的中国内地背景“新华人”的范围。他们是方浪舟、冯海山（Feng haishan）、西贝（Siby Jia）、李明晏（Li mingyan）、欧阳昱（Ouyang Yu）、桑晔（Sang Ye）、施国英（Shi Guoying）、曾仁军（Dominic Zeng）和赵川。这一比例显示了另一个事实：新华人文学正在为一般意义上的华人文学注入前所未见的文化交流的压力和能量。

在那些直接面对英语读者的文学选本中，这一点甚至更为明显。例如，由 Peter Skrzynecki 所编的一本多民族作者的小说选集《影响——澳大利亚的声音》（*Influence*：*Australian Voices*，1997），目的是通过展示在澳大利亚人口中有代表性的“少数民族”作家的创作，将其推介给主流社会英语读者，以促进“多元文化阅读”。其所选译的作品中，包括了来自中国内地的丁晓琦（Ding Xiaoqi）的《玻璃人》（The Glass Man）、欧阳昱的《白鹦鹉花》（The White Cockatoo Flowers）和赵川的《醒梦》（Waking up in the Morning）三篇短篇小说，这使得新华人在入选作者的比例上远大于其他民族背景的人士。其中，《白鹦鹉花》写了一个中国移民家庭中父亲对其成长中的孩子日渐发展的同性恋倾向所感到的焦虑，而《醒梦》则描写了“中国留学生”在凌晨早起打工的梦游般的心理状态。它们为英语读者了解新华人在澳所经受的文化冲击和生活转变打开了一扇窗口。

某些学术性的研究也支持了人们对新华人文学迅速崛起的观感。1994 年前后，澳大利亚政府委托卧龙岗大学（University of Wollongong）进行了一次关于少数民族传媒的研究，从各民族有影响的报刊抽取有代表性的样本，根据其发表各类稿件所占用的版面统计其内容构成。结果显示，中文报刊有关“文学和艺术类”的内容所占的篇幅明显高于所有非英语民族报刊的平均值，而中文报刊在文学艺术篇幅的比例又主要是由那些以中国内地“留学生”为主要目标读者的出版物推高的。[3] 1997 年 8 月，梅布尔·李教授向在比利时雷登大学（Leiden University）召开的第 15 届比较文学大会提交了一篇题为《华人作家：崛起于澳大利亚文学的新声》（Chinese Writers：Emergence of New Voices in Australian Literature）的论文，也呈现了类似的现象。她比较了来自中国内地与来自香港、台湾和其他地区的华人移民，认为后者在澳大利亚的存在，更多地体现在生意的成功上，而“没有（如前者般）那么高度集中的学术性、新闻性和想象性的作者”。[4]

上述两方面的事实（即新华人文学主要作为一种汉语创作的崛起，和它依靠英语的译介被主流社会所察知），在提示一种交流态势的同时，也包含了一种普遍存在于海外华人文学处境中的紧张，即英语世界究竟能够在多大程度上把握新华人文学的想象世界，或者，新华人文学究竟能够从中获得什么样的证明？

如果说以上提到的还仅仅是一些形制相对短小的作品翻译，其展示的文学对象也显得比较零碎的话，那么，1995 年蒙纳殊大学（Monash University）亚洲研究所出版《苦桃李》（*Bitter Peaches and Plums*）一书，则在对新华人作品的译介上具有突破性意义。此书通过对两个较为大型作品——刘观德的著名长篇小说《我的财富在澳洲》和皇甫君的中篇小说《澳洲，美丽的谎言》——的完整英译，使英语读者有可能深入详尽地了解"中国留学生"——一个来自当代中国的知识分子集团，对其早期在澳大利亚谋生的困苦经验的理解和想象方式。由于书中的这两部作品都以名义上的"留学"生活为主题，而又着眼于对"底层苦难"的把握（刘观德有一句名言"吃不着苦的苦比吃得着苦的苦还要苦"），该书便题名为"苦桃李"，似乎是借用了汉语中用"桃李"比喻"学生"的说法，这样，当代的"苦桃李"命运，和我国 20 世纪初出现过的《苦学生》之类的作品，就产生了一种不期而遇、引人注目的呼应。

值得注意的是译者对这两部小说的介绍和分析。它通过两部小说中的描写提示了：新华人的赴澳留学，与其说是出于对澳大利亚社会和自己将可能得到的社会定位的明确认识，不如说是出于面对"西方"的不顾一切的出国冲动，"出国热"（"澳洲热"）的背后包含着中国社会历史转型期所产生的深刻而复杂的社会文化问题。这一点可以说在认识新华人文学的价值方面提供了极有潜力的启示。我认为，正是和当代中国社会历史文化冲突的有机联系，才使新华人文学具有深刻的当代意义上的"中国性"，而明显有别于早年海外劳工的"怀乡"与"还乡"倾向。然而，这篇译介的重点并不在于研究中国问题或全球化带来文化效应问题，所以并没有在这方面作理论上的深入。它的重点在于探讨澳大利亚政府对"中国留学生"的行政失误：20 世纪 80 年代澳大利亚政府把中国当作其"教育出口"（即广招海外留学生以谋利）政策的市场，才造成了双向的"痛苦"：既使澳大利亚因为数万中国留学生的滞留而导致了久拖不决、引人注目的社会矛盾，也使中国留学生陷于进退两难的窘境。我们看到，该书的翻译旨趣是为探讨澳大利亚的政治问题所提供的一个社会学意义上的文学例证，然而，这种"重心偏至"的推介事实上又促进了澳大利亚读者对新华人文学的深入接触。

三

《苦桃李》是由蒙纳殊大学的亚洲语言教授 J. Bruce Jacobs 和一位异常活跃的双语作家欧阳昱合作翻译的。对欧阳昱来说，《苦桃李》的翻译仅仅是他为新华人文学进入英语世界所作贡献的一小部分。他本人 1955 年生于湖北，在中国即受过较完备的英语文学教育并深受中国当代文坛变革的影响。与大部分以“留学”之名赴澳却不得不长年打工为生的同胞不同的是，欧阳昱在墨尔本的拉特罗布大学（La Trobe University）获得了澳大利亚文学博士学位。凭借良好的双语能力，他不间断地把中文作品和英语作品做对向的翻译，在两种语言世界的文学交流中起了有力的枢纽作用。由他自 1996 年起主办的《原乡》文学杂志延续至今，发展为一本中文为主、有时中英混排的先锋文学读物。它和其他英文文学杂志一道，被写入了剑桥出版社出版的《剑桥澳大利亚文学指南》（2000 年版）一书。同时他本人的作品（主要是诗作）也获得了相当的成功，这种成功在英语文学界甚至比在汉语文学界更为突出。他的第一本英文诗集《墨尔本上空的月亮和其他诗》（*Moon over Melbourne and other Poems*，1995）由 Papyrus 出版社印行，通过似乎是不经意的口语、粗话和自发的节奏对英语的“文学性”进行了大胆的蹂躏；他的放肆粗砺、自嘲又嘲人的姿态，赋予了新华人文化身份的内在焦虑和精神心理的紊乱、崩溃以一种奇特的外观，引起了英语文学界的注意。但他的更具震动性的大型文本则是其后出现的一部约 3000 行的英文长诗《最后一个中国诗人的歌》（*Songs of the Last Chinese Poet*，1997）。

这部长诗据称原计划被著名的企鹅出版社接受，后因企鹅诗歌类出版计划撤销，撤约赔款后才转由悉尼梅布尔·李主持的 Wild Peony 出版社接手，于 1997 年出版，1998 年发行。在命题上，《最后一个中国诗人的歌》令人联想到佛兰西斯·福山的《历史的终结和最后一个人》。根据福山的论著，西方所实现的社会理想和价值已成为全球认同的目标，在这方面已没有根本性的矛盾需要解决，因此人类趋于进步的历史已经或正在达到终结。欧阳昱的长诗则揭示了，正是西方对全球历史投射的“进步”影响构成了他诗中的主人公所属的一群中国人离弃家园、向西方移民的心理动因，也造成了他们身份的边缘化、人格的“碎片化”和持续的精神疾患，在这个宁静的社会中，他们是“不死地生活在一种死亡中”（to be deathless while living a death）的多元文化点缀品，身外秀丽的异国风光也形同“荒原”。这个“中国诗人”的形象和新西兰的自杀诗人顾城的影子不时微妙地叠印在一起：顾城在自杀前杀死了妻子，欧阳昱的“中国诗人”则在走向死亡的途程中向“西方”扮了一个后现代风格的鬼脸——对那些如蝇逐臭、追新猎异的西方文化界代表，他发出了一句最后的嘶喊：“西——方——将——会——胜——出”（The West Will Win）！这 3 个 W 的句式（令人联想到 World Wide Web），嘲讽了为其文化霸权的浅薄胜利而弹冠相庆的西方力量，同时也提示了这种霸权的不可抗拒，它既像是一句郑重而绝望的预言，又像是长歌当哭之后的黑色幽默的反讽。同时，他的“死亡”又是一个失去身份的象征：在经过不同社会和文化的无情撕裂之后，“中国诗人”不复存在，一种新的、无以名之的人和文学将在脱胎换骨般的“死亡”之后复生。因此，他的“死亡”是一个悲剧意味和喜剧意味高度紧张地扭结在一起的、有关新华人文化身份结局（或毫无结局）的象征。

这部长诗因其激烈而浓缩的文化批判（对西方文化的批判和中国移民的自我批判）而在英语世界产生了很大震动。欧阳昱在无数的文学聚会场合朗读过长诗中的片段。英语书评指出，欧阳昱用强悍粗砺的风格传达了华人移民精神搏斗的生命气息，贡献了“伟大、勇敢和精彩的作品”，[5]这是生活在多元文化世界的“所有澳大利亚人都应该体验”的艺术。[6]

部分是因其风格色彩的特异丰沛，部分是得其语言素养之便，欧阳昱的创作已在英语世界奠定其声誉，并引发了不少评论。任教于迪肯大学（Deakin University）（后在卧龙岗大学任教）并强烈关注华人文学的高级讲师温卡·奥门森（Wenche Ommundsen），在一篇题为《怯懦者免读——欧阳昱：愤怒的华人诗人》的专题评论中，肯定了欧阳昱诗作对澳大利亚多元文化主义问题的启示意义：多元文化主义不应停留在接纳移民并以此装点实质上仍存在严重问题的社会结构，它应该正视人们文化身份转变中的精神代价，并勇于承认人类心灵的独特性、创造力量和批判性价值。同时，她也敏锐地批评了欧阳昱诗作中大量采用的性象征包含着男权主义的话语。作为其“愤怒”的表征，它们与愤怒所指向的目标具有某种内在的一致，从而，欧阳昱陷于某种其未必察知的文化矛盾。[7]

从《最后一个中国诗人的歌》结局的启示转回到我的考察：如果“中国诗人”们原有身份（包括其“华人”身份）可能消逝，一种无以名状的新身份可能诞生，它将是什么呢？对我所说的新华人文学和英语世界的关系又意味着什么？换句话说，如果新华人文学在英语世界的某种成功，反衬出仅仅用中文写作就无法摆脱边缘状态因而不具有自足、完整和稳定的性质的话，那么大面积主要以汉语为标志的新华人文学会否将面对自己的意义危机？事实上，新华人作者中已经有人选择了直接用英语写作的艰苦道路（尽管他们可能并不具备欧阳昱那样的英语素养），如吴建国（Wu Jianguo）写出了半自传性的英文长篇小说《蜿蜒的小溪》（*A Wriggling Stream*），主要忆述经历过“文化大革命”、上山下乡的一代人的故事；方向曙（Fang Xiangshu,）则基于自己从中国赴澳历程用英语写成长篇小说《东风，西风》（*East Wind*, *West Wind*）。如果说欧阳昱主要是以新华人的文化心理冲突的力度取得了成功，这些直接出自他们手笔的英语长篇，显然是以其纪实风格，即以其“言说着的主体”的经验“可信性”而部分满足了英语世界对“中国人究竟是怎么回事”的求知冲动，因而受到了相当的重视。另一方面，这也说明了新华人区别于传统华人移民的教育背景，能够为他们在一个充满挑战的境地争取表达的空间提供多么大的潜力。但是，迄今为止，走上这条路的人尚属少数。

谈到这一方面，桑晔（Sang Ye）也许是一个更重要也更罕见的现象。他可能是迄今为止我所说的“新华人”在澳大利亚英语世界中影响最为广泛的一个，桑晔作品的传播几乎完全由英语界包办，他本人已很少和华人和华文界联系。从某种意义上看，他的成功有点像是张戎《鸿》的故事的澳大利亚版（当然这并不是指他们作品在具体内容和风格上有什么类似）。桑晔1955年生于北京，1986年曾和张辛欣合作发表了大型纪实性系列作品《北京人》（次年出版的英文译本为《中国人生：关于当代中国的口述历史》，*Chinese Lives*: *An Oral History of Contemporary China*, 1997）。桑晔受到西方口述历史作家斯图德司·特凯尔（Studs Terkel）影响而形成的纪实式写作，使急于具体了解“文化大革命”后中国和中国人基层真实生活细节的澳大利亚文学界深感兴趣。他很快获澳中委员会的邀请赴澳访问写作，并在走访堪培拉时认识了后来成为其妻子的 Sue Trevaskes，一个祖先有部分华人血统的第 6 代澳大利亚人，桑晔因此在日后与英语文学界的交往中获得了至为重要的帮助。他们曾回中国生活了一段短时间，在 1989 年 7 月重返澳大利亚，此后便主要以昆士兰大学（University of Queensland）为工作基地。1994 年，桑晔夫妇和作家、汉学家尼古拉斯·周思（Nicholas Jose）合作写成英文纪实作品《最后一行：骑单车穿行中国和澳大利亚的长征》（*The Finish Line: A Long March by Bicycle through China and Australia*, 1994），其内容主要是记述他当年骑自行车沿中国的黄河流域以及在澳大利亚各地考察，与各阶层人士访谈，发掘平民“小历史”（相对于官方记述的“大历史”）的经过，这可以看作桑晔的纪实创作从中国延伸到澳大利亚的新发展，此书把两国人民生活混合记载，在体例形式上构成了两国不同文化共存于一个世界空间存在的微妙张力；由于主要来自桑晔的素材着眼于平凡逼真的普通人，它也显示了跨越文化、政治疆界的人性关怀。

两年后，桑晔又在 Linda Jaivin 等英语文学界人士的协助下完成了一本纪实系列《龙来的这一年》（*The Year the Dragon Came*, 1996），由昆士兰大学出版社出版。它仍然以口述历史（直接记录被访人物的谈话）的方式，通过十多位滞留在澳大利亚的中国人的处境和命运，提供了一幅流散不定的冒险人生的长轴画卷：他们中有的是被迫卖淫还学债的绝望空心人，有的是在中国炒书号暴富后又到澳大利亚通过假结婚成为“华侨外商”的国际冒险家，有的是在打工生涯中见够了社会黑幕的愤世嫉俗者……一张张无耻或无奈的嘴脸，一个个变幻的场景组成了中国人如受伤巨龙般在历史大潮中夺路狂奔而又方向莫明、泥沙俱下的碎片拼图。它保持并发展了桑晔那种不顾颜面，直击血淋淋的底层社会、对欲望人生刻写精微的文学风格，以一种发生在澳大利亚本土的题材揭示了全球化浪潮击打在芸芸众生命运中留下的印迹。这也再次印证了在此书出版之前尼古拉斯·周思对桑晔写作的赞誉：它体现出一种“锐化了的敏感性”，使那些被“官式话语”所抹杀和否认的人和事得以发出了自己的野性、民间性的音响和色彩。根据尼古拉斯·周思的转述，桑晔认为他从小所接触的中国历史作品缺少对真正的“人”的注视，尤其是凡人琐事。帝皇将相及其仆从占据了历史话语的前台，并美化了对历史的理解，而由其所造成的荒谬和疯狂却要百姓承受离乱凄迷、分合跌宕的无言之痛，严肃的作家面对这破碎的历史是无能为力的，除了一一记下严酷的实况，不论它多么令人难堪：“历史不允许每一件事都成为一首诗……用蘸血的笔书写的，只能是血。”[8]从这种表白中，我们可以寻到当代中国文学思潮的轨迹（如从伤痕文学的人道主义忧愤，发展到直观世态的新写实主义，或是后现代的非判断态度），如何被新华人文学“拖带”到海外场景中加以延伸变化。这一点也可以提示一个比较文学“影响研究”的新角度：海外华人文学写作观念和中国当代文学思潮之间如何牵连互动，而表现出异同。

四

尼古拉斯·周思本人是一位毕业于牛津大学的文化批评家、汉学家和作家，曾任过澳大利亚驻华大使馆的文化参赞，在向澳大利亚社会推介华人作家、艺术家方面不遗余力。他的文集《中国碎语》（*Chinese Whispers*, 1995）中收有一篇题为《“古董商”桑晔》（Sang Ye：Curio Merchant）的短文，具体回顾了桑晔贯通中澳的写作道路。周思借用桑晔的前辈有人从事古文物收集翻新的行业，以及桑晔本人对当代历史文物有收集兴趣（据说桑晔曾把他在中国收集的一批“文革”物品送给了澳大利亚国家图书馆）等事实为比喻，说作家桑晔是一个用文字收集过往的人和事的文学“古董商”。这个说法在周思那里完全是正面的，他认为桑晔的天才在于，他总是能“以古董当铺估价人那样锐利的眼光和热诚的心灵，在人们的弃置物品中有所发现，并使之成为某种有价值的东西”[9]。

但是，正是桑晔的这种在英语世界的成功，使我再次回到在本文第二节中提出的问题：如何理解新华人文学进入英语世界表达空间的意义？

澳大利亚英语界曾对桑晔有过不少评论。有的评论在肯定了桑晔的《龙来的这一年》的写作成就的同时，也提出了这样的质疑：根据桑晔的自述，他曾采访了数量多于其书中所记的人物，这也意味着他的这本“口述历史”其实是有选择的，而并非对全部素材全文照录，那么，他是否有必要说明他根据何种标准去“记录”一些人和事而不写出另一些人和事，以保证“口述历史”的可靠性？这类质疑往往是一笔带过的，但却和我上述关于新华人文学的意义问题发生了耐人寻味的关联。

首先，这种疑问涉及我们在思考诸如“现实主义”、“自然主义”这样的文学命题时多次遭遇的疑难：有没有一种与表现手法无关的真实（假定“真实”肯定是文学的一种价值，哪怕不是全部价值）？我们所认知的“历史”和“现实”是特定程式的媒介作用的结果，其中，包含了一定社会文化结构下操作的权力、观点和手段的作用，不管它显得多么“客观”和“不偏不倚”，这一点已经不是什么高深的道理。也正是这个道理使这个世界需要多种声音的参照。那么，第二步的问题就是，在英语世界中，华人的声音是否已多样到使人能从不同的角度认识自己及其文化？当华人（新华人）的声音通过英语这种媒介传达时，它在多大程度上能保持其“主体的”立场而免于英语所象征的文化权力的“改写”？新华人文学作为一种可能带来“异样的声音”的文学，如何处理英语世界的文化偏见？语言，在一定社会关系被使用（说和听）的语言，从来不是一种消极形式或机械的“容器”，可以毫不变质地容纳相同的东西。比如，当我们看到周思描述桑晔对中国生活的评价：

> 当我问他怎么看中国的时候，桑晔回答说：“中国就是一个大怪物。”（“China is just a great big freak”）自从他来到澳大利亚他一直密切留意中国在澳大利亚人中，特别是那些在大学、政府和友好社团对这头怪物有专业兴趣（或利益）的澳大利亚人中间的影响。这是物以类聚吗？这个怪物会返照出怎样的镜像？这两个国家的人民怎么互相对待？[10]

周思没有回答那些自己针对桑晔的说法提出的有点暧昧的问题。我并非在质疑一个人表达其观念的权利，而是在关注他是在何种语境下表达。我也不是说一个人应该在不同的语种中，面对不同的人应该掩饰或变换其观点，而且人们应该相信桑晔的话中包含着一种对中国生活的极端复杂性的领悟。但我认为至少应该质疑任何一个作家有独占判断“真实”之尺度的资格，而桑晔作为“历史纪实”作者的身份显然很容易在英语世界中形成这样的独占（不管他是否自觉到这一点）。再者，我相信英语世界的读者和汉语世界的读者对这种关于中国的总体性、概约性的描述会有不同的理解基础。就英语读者来说，他们所能从中收获的“真实”信息，和他们听到另一个说法——比如“中国是一个地上天堂”——时所收获的“真实”信息一样贫乏。但是，英语读者中也许确有些人更乐于承认前一种“真实”，这不仅是因为可能的偏见，而且是因为这种选择更不费力，更容易因证明流行价值而获得满足感。而文学的真实的力量，可能正在于动摇读者那种自以为是的、媚俗的认同。

这样，我发现，新华人文学在对英语世界介入的同时，将面临英语世界对这种文学自身可能拥有，或可能发展出来的“边缘”对于“中心”的批判力量，进行不知不觉的过滤、“净化”和同质化的威胁。

根据周思另一篇文章的转述，桑晔的纪实作品《最后一行：骑单车穿行中国和澳大利亚的长征》中还写过这么一篇：在昆明以外有一个彝族山村，保持着以树为崇拜对象的古老传统。20 世纪初，一个外国人曾来到彝族人中传播基督教，历 30 年而逝。他在那里建了诊所、学校，讲授神学和其他课程，并为这些彝族人发明了他们使用至今的书写文字，红军长征路过该地时他还代表彝人和红军谈判使他们得以安全通过。他死后，彝人为了对他的尊崇，砍倒了他们一直作为图腾崇拜的大树，为他造了棺木（树崇拜传统从此改变），并为他举行了隆重的葬礼，1949 年至“文化大革命”前后，“圣墓”遭到破坏，但在村民的心中，由这位传教者播下的对神的崇拜的信念之火并没有熄灭，对其本人的怀念也没有消逝。直到 1992 年，一个新的陵墓得以重建，虽然村民们始终不知道他的姓名，其遗骨也已不知所终，但墓碑上刻着彝族教徒的纪念：“这个带来太阳的人，1904 年来到此地，1944 年归于主，此碑之下无其遗骨，但立碑人已存续其教。”这个人，据考，可能是一个名叫约翰·威廉斯的澳大利亚人。

不难想象，不管这个作品的史实基础如何，对相当多的西方读者来说，这类“文明”征服（或者说开化）“野蛮”的故事，夹杂着中国内地少数民族神秘风俗的渲染，具有怎样令人喜闻乐见的品质！何况作品中还写了作为采访者的叙述人如何历经艰险前往该地，却被乡干部加以阻挠（有一个干部看起来是故意地向这位来访者隐瞒、扭曲这段历史）。这使作品包含了几乎所有符合西方读者对中国理解的基本元素。

据知，桑晔现在是一位基督徒，这样的作品的产生应该是不难理解的。但是，我们能否期待桑晔——一个很难说对中国生活的认识是肤浅的作家，在取得了英语世界通行证的条件下，有更多挑战他的主流读者的意识形态期待的创造（虽然这并非意味着反过来要迎合中国的主流意识形态）？他会不会因为这种挑战而失去已经获得的通行证？

我之所以只能简单地抓住桑晔的只言片语和很间接的作品资料来表达我对此问题的关切，是因为本文的篇幅不允许作详细的例证分析。在进入澳大利亚英语界以后，桑晔写的中国故事，有相当大的篇幅是循着近现代史上进入中国的澳大利亚人（如袁世凯的政治顾问莫里逊、在云南少数民族地区传教数十年的约翰·威廉斯等）的足迹走访而形成的“实录”，这可能已经显示了英语世界对桑晔题材选择和构思框架的影响。移民（包括移民的作家）最终会和所在国的文化产生深刻的关联，这一点并不值得特别惊奇，我们有理由从桑晔（或其他作家）身上看到两种文化交往的历史真相：它对一个人类关系日益紧密的世界的贡献，以及它所曾经付出的代价。毕竟，各种形式的殖民主义不仅仅可以是历史，也可以是一种社会的或文化的现实。正如英语作为一种强势语言不仅可以是增进交流的现成工具，也可以是一种不合理的历史所形成的权力标记一样。考虑到那些进入英语世界的华人作家所面对的文学市场，考虑到大部分英语读者对中国题材的兴趣不是出于感同身受的经历而是因为对它的陌生，以及随这种陌生而来的某些不确切的想象，某种“东方主义”的风情笔法确乎有着顽强的诱惑力，但它也是有创造性的作家对其进行挑战的对象。

五

可见，从新华人文学和英语世界的关系来考察这种文学是一种有效的角度，而且可以由此引发出一些对文化传播、比较文学和海外华人华文文学研究都有意义的问题。本文的考察虽然提示了主要的现象，但并没有涉及其全部。要而言之，澳大利亚的新华人文学在如下几个方面介入了英语世界，并证实了自己的存在：第一，原以中文为表达媒介的作品已有部分被译为英语；第二，涌现了一些以英语为主要工作语言，或者其作品主要以英语传播的作家；第三，在英语世界引发了接受性反应（推介、批评和研究）的同时，英语世界中也出现了以新华人作家作品（无论是中文还是英语的作品）为关注对象的批评家或研究者。一些大学的文学教育部门，还有了以此为选题的博士论文。

这样一种情况，无疑使澳大利亚华人文学获得了社会传播和学术理解上的有力支撑。但是，就总体而言，澳大利亚华人文学在英语世界中的存在有如下问题。必须稍微归结一下这些问题才能使人对澳大利亚华人文学的真相有较为平衡的认识。

第一，和总量甚大并普遍以汉语为媒介的新华人文学现象相比，英语世界已经察知和探索的华人作家作品数量极少。在那些最富于才能并提供了深度的艺术审美价值或文化分析价值的作家作品中，有不少并没有进入英语世界的视野。例如，朱大可的文化批评，随着他于20世纪90年代初从中国延伸到澳大利亚，他的那些涉及唐人街文化、顾城之死和“中国流氓精神”等命题的文化散文，以感应的锐利和表达风格的隐喻力量而引人注目；而来自广州的女小说家林达的短中篇小说，对人类生活的领悟和高度风格化的语言艺术的完美结合，在澳大利亚华人作品中是罕见的，她的作品除了在悉尼中文报纸连载外，也在《收获》杂志接连发表。这些新华人文学中最具创意的部分文本，尚无法在英语世界找到任何传播的痕迹。

第二，如前所述，英语世界对新华人文学的译介和注意，其选择具有明显的偏狭性，它有时着意于为某些和华人有关的社会问题寻找文学例证，有时着意于为多元文化主义社会的调研而描绘一些由少数族群文学现象来构筑的文化风景，有时仅仅出于翻译者或研究者个人的偶然兴趣。从总的社会文化格局来说，华人文学，乃至一般意义的“少数族群文学”，无论它们包含了多少可以丰富人类精神生态的奥秘，可能都难以改变其边缘性的处境。深入地说，这可以视作第三世界背景的文化在世界文化总格局中一般处境的反映。

第三，亦如前所述，在和英语世界的关系中，华人文学存在着被作“东方主义化”处理的倾向。这除了表现在前述那种鼓励对中国或华人进行奇异化定型的可能以巩固文化偏见外，也表现在这一点上，即英语世界通常不对华人（华人作者或其作品中的华人形象、华人精神）作背景上和性质上的过细区分。“华人文学”其实包含了相当混杂的内容，在老一代移民的朴素绵长的口述体表达和当代港台移民文学较为飘逸写意的品格，以及新华人文学的沉重而不安、猛烈和繁复的文采之间，有着不同社会时代、不同移民经历和不同现实处境的差异，英语世界在历史理解的层面上并非对这些“族群断层”毫无意识，但通常难以深入或根本不去深入考察这种差异和各种文学表现之间的关系，无形中对“华人文学”维持一种普泛化总体鸟瞰的言说姿态。

最后，这个案例也表明：华人文学在英语主流社会中被接受、传播的过程，同时也是经受主流文化选择、过滤和重新模塑的过程。那些成功地穿越了英语这种“介质”的作品，连同那些被鼓励直接用英语写作的华人作品，最终在英语受众那里创造了一个关于华人文学想象世界不无特色的欣赏、理解空间。通过一系列文化代理机构和文学代理人的居间调停，华人文学在经验和表达上的陌生性，经过审慎的提炼和“熟化”，开始端上了多元文化共处、繁花似锦的文艺盛宴（连同来自其他语言的其他经过类似处理的少数族裔作品一起），以满足万方会聚的社会想象，虽然这种满足——作为“艺术的”代价——不时会被辛辣的讽刺和反抗的号叫所惊动。美食也可以带刺。另一方面，大面积地沉默于英语“介质”以外的“原生的”华人文学想象活动已经被区别开来，作为比前者次一等级并且更为边缘的存在。在这种默然而成的文学传播秩序中，有一种权力控制着属于它“自己的”少数民族文学（包括华人文学）的生产和再生产。公正地说，这并不是一个绝对封闭的机制，而是一个不断遭遇和吸纳外部挑战的过程。以我前面陈述的情况为例，如果说，桑晔已经不是英语文学的“外人”，那么桑晔的写作除了有能力满足大部分他的读者的“东方主义”想象，也有能力挑战这种想象，而欧阳昱的挑战意图常常更为外露。这样的挑战，甚至常常成为一些已经进入英语世界的少数民族作家的写作主题。但是，需要指出的是，这种挑战，只要仍然发生在这种传播秩序的语境下，就不会根本动摇这种控制性的权力，甚至这种挑战就是这种权力的证明——它使控制和逾越成为动态的风景，成为一种延伸着的文学想象和一种关于文学交流价值的社会想象的旅程。

（作者信息：钱超英，深圳大学文学院教授）

注 释

［1］钱超英：《“诗人”之“死”：一个时代的隐喻——1988—1998年间澳大利亚新华人文学中的身份焦虑》，中国社会科学出版社2000年版，第36页。

［2］*Five Bells*, Sydney, January, 2000.

［3］Rogelia Pepua, Michael Morrissey, *Content Analysis of Australian Non-English Newspapers*, (*Stage* 1), Centre for Multiculture Studies, University of Wollongong 1994, p. 45.

［4］一个改写的版本见 Mabel Lee, Chinese Writers in Australia, *Meanjin* Vol. 57, No, 3, 1998, p. 579。

［5］Helene Brophy's review on Ouyang Yu's *Moon over Melbourne and other Poems*, AMBR (Australian Multicultural Book Review), Apl. 1996, p. 46.

［6］Lynette Kirby's review on Ouyang Yu's *Moon over Melbourne and other Poems*, ABR (Australian Book Review) Dec. 1995 / Jan. 1996, p. 57.

［7］Wenche Ommundsen, Not for the Faint-Hearted, *Meanjin* Vol. 57, No, 3, 1998, pp. 595－609.

［8］Nicholas Jose, Sang Ye, *Curio Merchant in Chinese Whispers*, Wakefield Press, 1995, p. 100.

［9］Ibid..

［10］Ibid., p. 97.

移民问题作为流散研究

——理论与方法三题议

“流散”并不神秘。在经验的层面上，它就是移民问题——无论是被迫、被动的离散还是主动外求的迁徙，在世界各地都有漫长的历史和多样的表现。以此意涵为主轴，在学术实践中，流散研究的对象有广狭之分。最狭义的就是对公元前犹太—希伯来特定时期（主要是“巴比伦之囚”时期）的历史研究，依此稍微扩展的是对相关族群（如犹太人等）长期文化特点的关注。而流散概念的折中义可能是现在使用得最普遍的，是指与当代愈益广泛、大量的跨国移民现象有关的体验和后果。再广义，则包括了所谓“内部移民”——一国之内的人口迁移、区域关系和社会变迁。而其最广义，则除涵括上述所有要素之外，更包括与之伴随的精神领域的流变，重点在于文化哲学、文学艺术上的理解，故有流散文化、流散文学（流散作家）、“流散美学”,[1]乃至国内个别学者所使用的“流散诗学”[2]诸说。

流散研究自21世纪开始以来渐受我国学界重视，但其于20世纪后期已在国外兴起。20世纪作为一个“移民的世纪”，前有第二次世界大战制造的数以千万计的跨国移民，以及非殖民运动中诞生的不少独立国家，因其欠发达状态，导致政治独裁与社会动乱分裂之间的循环，常有疆界漂移、人民离乱的情形；后则有柏林墙倒塌、冷战格局骤变、政治地图改写导致的人口运行，以及因新兴产业出现、跨国公司崛起所加速的全球化趋势，加上后现代思潮对人的恒常归属和固有身份所作的非本质主义解构，都使流散话语逐渐走上人文学术的前台。

在现实生活中，流散现象的社会效应即便对普通居民而言也并非不可感。例如，20世纪后期以来的天空出现了一个日夜移行于各种航班的经理人阶层，以服务于跨国和跨地区的经营活动。商务的和消费的旅行、留学和跨国跨区家庭的聚散，都使得世界核心城市居住空间的发展无法再完全以常住居民的数量来预测——移民通常需要在世界的不同地方拥有住处（这也是他们财富分配转移的一种形式），这种需求变量，连同其他的变量（如对特色饮食、国际学校和文化设施等的需求），悄然注入并放大了相关城市地区的物价、房价波动和社会风貌的变化。这也是理解近期我国生活变动的指标，可惜的是，相关的具体研究严重不足，或者是这些研究经常归属于“国民经济”的观察，而缺少结合流散研究的自觉。

而“流散”概念，较之日常用语的“移民”之更具有学术意义的生产潜力，乃是因为它便于古今经验互相参证、联结贯通为一种延展的视野，其中，人们对今日世界的很多重要发展，如全球化问题、身份认同问题等，都增加了认知背景的纵深。又因移民问题牵动了身体与心灵、现实与理想、风险与选择、个体与族群、认同与差异、中心与边缘、西方与东方、原生与外求、偏见与包容、限制与自由、权威与抵抗、创获与代价、选择与规避、文化守成与革故通变、国家身份与文化身份等多种复杂关系的重审与思辨，因而日渐成为当代文化研究、文学艺术批评的一大论域。可以说，流散研究就是欲求把当代世界激变的人类文化生态纳入长程历史时空和普遍性人文哲思的一种努力，也是对时代生活重大疑难的一种积极的正视和回应。

流散研究目前总体上还处在起步阶段，在我国更是如此。本文基于笔者从事部分流散研究课题（主要是华人移民和华人文学）的有限体验，试对流散研究的若干观念、方法范畴提出讨论，以就教于同道。

一　内部和外部

内外之别，至今是我们理解和处理社会事务和学理问题的基本分际，也是影响许多学科划分的基准，如在文学研究中即有中国文学和外国文学的界划，其他人文分科也大致如此。这一点使得那些和流散问题联系紧密的领域长期难以定位，并遭受“学科化”的困难，例如，海外华人或华文文学尽管已然规模庞大并在国际交流中日渐重要，但它时而勉强算是中国现当代文学的一部分（因其主要是一种汉语现象），时而又被看作外国文学（或“国外文学”）的次生现象（因其一般在境外发生），而“海外华人华文文学”之曰“海外”，意味着研究者默认它是一个天然内核的自然萌发，一个固定中心的有限延伸，这实际上多少遮蔽了它的特性；至于近年来“世界华文（或华人）文学”之名，却在行内的研究操作中默认不包括中国内地的“主流”文学，从而也就无法真正“世界”起来。这种分界操作惯性其实已经很难适应研究发展的内在需求。以笔者的观察所得，有关“海外”或“世界”的研讨会，经常要面对是否收编那些论述中国城市的农民工文学艺术研究（“内部”移民问题）的研究论文的困境。

流散研究要求走出这样的困境，不仅是为了学科建设，也是为了更好地认识这个“世界”。

从世界近代史看，欧洲资本主义的发展和其海外经营是一回事，至多是同一个故事的不同版本。西方主导孕育和发展的民族国家格局，从一开始就和其海外探险、殖民活动相互伴随并深度依赖，不必总是看作两个分属于“内部”“外部”的过程。按照本尼迪克特·安德森的说法，主导性的西方宗主国和殖民新领地在不同地理空间之间建立一种“并行的同时性”[3]：欧洲移居者把新领地看作是家园的一种复制，哪怕它们和作为宗主国的母国发生过争取相对独立的争斗，也具有“亲戚之间的战争”的意义，所以才能在战争、独立之后迅速发展相互之间紧密的政治、经济联系。这也是为什么新兴的西方世界充满了类似“新约克”（纽约）、“新南威尔士”这种格式的命名，在民族生成的“想象”运作中，这种“新××”表明了新领地和母国故土之间的相互穿越和相互纳入，并改写了世界不同部分之间的内外关系。

这一点对理解我国近现代史和移民问题也同样有启发，因为中国现代民族主义的兴起就是在和西方民族的内外互动中激发的。从总体上看，郑和时代以后至现代的中国海外移民并不是如同西方那样母体文化的主动外求，反而是在西方资本势力的拖拽、胁迫和影响之下，作为资本生产营运要素被“分配”、“弃置”到海外的结果。他们多数是深受西方资本压迫、剥削的对象，是作为西方新兴地区殖民势力的统治、役使和他者化的对象而构成其海外存在的意义的。又由于他们的出走有着母国社会在西方势力进侵下传统瓦解、生计凋敝、产业不振的经济压力，我们可以这样理解：如果说现代中国本土最终没有被单一列强完全殖民化的话，那么近现代华人移民本质上就是作为中国人被置于本土以外承受殖民化命运的历史角色。他们这种在祖国以外的、“外在”地被“内在”了的属臣处境和生活命运，正反映了中国在西方势力全球建构的权力格局中的位置。我把这种情况定义为“微缩”和“复制”机制——国家方位微缩为个人遭际，权力关系在不同范围和不同境域之间复制再现，其内容意义则是无分内外的。

正是这一深层原因，使海外华人社区成为中国现代民族主义的策源地。

中国民族意识在海外移民问题上的生成，也许可以追溯到近代的晚期王朝政治。明清两朝政府多番限制海外移民，以其为锁国政策的一部分，这也许不能简单解读为限制人民出境自由这样的当代意义，而是可以理解为王朝政府借对华人身份权属的控制向国外势力确认、彰显自己的管治权威和行政权能——恰恰是这种权威和权能的日渐衰弱才使它有这样的需要。这样华人移民就事实上成为内外两种权力竞争的象征性中介。并且王朝政府也很容易成为王赓武所说的“移民的敌人”。[4]从理论上说，这种两面为“敌”的处境会使华人移民发展出一种强大的自我身份（认同）。然而，事实上并非如此。不仅中央王朝政府把他们视为臣民竭力加以管治，而且他们很多也选择了回归，或者虽然滞留在外仍自视为“汉人”、“番客”并倾向于聚居和族内婚配（较多的跨文化婚恋只是一种当代现象），这促使我们要注意他们发展其“海外自我”所受的文化特点的强大牵制。但我们并不能因此把海外华人看作是静态的历史命运和处境的消极承受者。他们不仅在美国和澳大利亚的金矿地区发动过对白人竞争者的抗争性暴乱，而且数量众多的劳工的多番回流归国，也可视为一种对抗国际资本赋予的流散命运的生活选择。他们既不满本土王朝社会的专制、贫穷与不公，也不甘永远为海外资本所役。现代史早期的多轮社会革命和民族解放斗争的策动者、组织者都有或长或短的海外生活经历，因而与海外华人世界建立了深广的联系，他们通常也把海外华人社区作为筹募革命经费的主要来源，而在其本土斗争挫折危难时则每每获得海外华人社区的庇护。其所以能够如此，除了海外社会制度提供了当时本土所缺乏的集会、结社、言论等相对自由的空间以外，也必须看到：海外华人在海外生活的处境和地位使他们产生了有关中国在世界地位的强烈而痛切的身份知觉，因而强烈期盼中国的现代化和强盛以便获取身份上的支撑以应对海外生活的挑战。因此孙中山有关“华侨为革命之母”的名言，并不仅仅是一种感激和表彰，也是历史的真实。

“海外中国”因而正是以这种意义，而非西方新大陆式的“并行”“属地”的意义，而被纳入中国的现代发展的。另一方面，中国民族主义和民族革命的兴起，成为海外华人文化身份现代建构的强大基础。“本土中国”也正是以这种意义，而非西方宗主国对于其海外领地的意义，而介入海外华人的自我认知之中。非此则无以充分解释中国多个革命和建设高潮阶段海外华人活动家回归投身报国的浪潮——虽然有着某些海外社会迫害、排斥（如20世纪中期的印尼等东南亚国家）等具体成因；也无以充分解释我国内地当代改革开放前期阶段海外资金（实际上是海外华资）对中国经济起飞的贡献——虽然也有着经济活动本身规律的作用。

至于中国内地改革开放以来的新移民，也和中国社会的内部动向息息相关。虽然历史环境和移民心态已经发生了很大变化，但相应的外部国际格局和个体经历的内部体验之间的“微缩”和“复制”机制仍然在起作用。当然，我们也不能因此完全否认个体的作用——对我们来说，这种作用也在于它可以从局部对全局、从“内部”对“外部”，或从“外部”对“内部”发生深刻的影响。举例来说，严歌苓等新一代移民作家的“个人化”写作已然显著地影响了中国内地文学的色彩、氛围和格局——人们或许永远也无法确定（无论从写作题材、题旨、个人身份还是其他），严歌苓式的艺术家及其产品究竟是中国的还是外国的。

笔者认为，为助成流散研究中对内外关系的动态理解，应重视全球化研究中提出的非领地化（deterritorialization）概念。它是指对地理疆域限定的超越性处理。从现有资料看，这个概念最先由人类学家阿君·阿帕杜莱提出和使用[5]，但其他论家也多有借用，或发展类似概念或描述，如美国学者阿里夫·德里克在评论全球化现象的时候，提到“新的政治经济权利中心的出现，对明显的文化群体中的文化多样性的肯定促使人们破除疆界四处流动，同时探讨超越民族和区域问题的各种新的全球机构的形成”的问题。[6]查尔斯·洛克则注意到，区别于“民族国家将他们的臣民囿于疆界之内，并且注重地球土地疆域的分配”，“伴随全球化而来的是地理位置意义的失落”；并且这位论者预测随着全球化的发展，少数不幸者将被置于“本土化”生产者的地位，而财富和富人则享受全球化的便利（如资金的自由流动和作为消费的旅行等），实现符合自己利益的“非定位性”[7]……要言之，非领地化及其相关概念在描述全球化所凸显的流散问题方面，带来了一种有针对性和活跃开放的理解。

笔者认为，借用该概念或使用类似理解，还可以带来更多的人文研究启示。如在哲学思考方面，莱维纳斯强调自我朝他者方向的“位移”，德里达提到主体向他者（包括作为不速之客，异质、危险的他者）开放的“无境域的境域”；社会历史方面，全球化带来了相应的政治经济—文化动态的特色如“世界主义”、出国冲动等；移民文化研究方面，中国移民的文化特性和身份问题，在某些华人移民文化批评家如朱大可等的表述中，则被赋予“流氓”[8]（永远体验“获乡”与“失乡”二律背反的游走者）的概念而获得观照和分析；文学艺术与文化身份方面，当代某些精英文学代表提出了不以国家来源地为背景定义个人身份，而以美学追求、语言特性等“随身”因素来找寻“自我之乡”的意义方案……这样，“非领地化”就是当代身份思想和文化身份研究所不可忽视的一大主题。

也许，这样打通内外之隔的“非领地化”思维，最好用一个澳大利亚著名作家亚历克斯·米勒的一部小说的哲学主题来概括：“边界是为了跨越而设置的。”[9]

二 时间与空间

时间和空间本是哲学研究的经典范畴，但在流散研究中它们可以获得新的意义和活力，因而也有必要作出新的辩证综合。

综观目前的不少流散研究，或者较着意于梳理某一问题的历史根源及其生发演变过程（如对某些族群史迹的研究），这是着重于时间维度的进路；或者较执着于分析不同文化间影响的化合结果（如对某些跨文化作家特色的评论），这是着重于空间要素的集合。尽管在前一类型的研究中也不可避免地会涉及历史被外来影响所干预的“空间”因素，而后一类型的研究也不可避免地会涉及不同影响如何先后叠加的“时间”因素，但它们的主要模型还是或者基于过程、根源追溯的历史研究，或者是基于状态、特性、结构分析的现象评断，从而使流散研究归并于历史研究或其他已有领域的研究（当然我们也可以说，历史研究和其他已有领域的研究中本来就已经包孕了流散研究的萌芽），却不易彰显流散研究的鲜明特色。流散研究的发展可能应更多地把时间和空间的扭结和混合作为一种自觉的思想方法来实施。这恰巧也是目前通用的中文用词“流”（时间过程）“散”（空间分布）所可能激发的一种学理灵感。但不仅仅是这样。对西方思想传统的后现代批判已经提示了人们需要警惕各自成对的分立范畴（二元对立）可能造成的对有意义的问题出路的遮蔽和封堵，然而目下不少研究的范式仍难摆脱这样的传统。流散研究则正可在这一方面助成某种有效的超越，反过来也会带动文化思想叙写的重构。

举例来说——假若允许作一些粗浅的设想：借用流散研究的视角来回顾，18 世纪的法国思想家和作家卢梭（其实是一个日内瓦居民）一生浪迹，其旅行、移民体验，对形成他的观念和风格有什么意义，这就不仅是一个历史研究的课题，也不仅是一个跨国、跨地区的课题。再者，卢梭思想和其他重要思想家（例如精神分析创始人弗洛伊德——他被哈罗德·布鲁姆视作一个在莎士比亚面前的失败作家[10]）之间的相互交涉，无论被简化为一种“跨文化影响”还是“历史传承”都不够全面。时间和空间相区分的范畴在这样的观察中固然很难不被分别使用，却尤其值得综合起来。这一点就算是对他们思想内容的研判也同样适用。可以说，在卢梭那里体现为崇拜原始、抵抗文明的自由主义“历史”观念，演变成了弗洛伊德揭示无意识和原欲、限制理性意识虚妄权能的心理“结构”分析。而他们重自然、反文明的思想倾向则有着原则的一致和内在的深刻联系。只不过，从其学理想象的运作中，在卢梭那里展现为人和社会历程的“时间”线索，在弗洛伊德那里则呈示一种精神成分相互作用的“空间”分布。一种把它们扭结起来的思考方法可以实现两者间的跨越的理解，从而有助于达成对他们意义的新的综合评价。

笔者的意思并不是说流散研究就等同于这样的思想课题，而只是在探索一种具有流散研究特色的处理时间和空间问题的可能方法。笔者的研究实践发现，在当代华人的移民动机中，对一种较好、较先进的生活的向往一般指向作为西方发达社会的“外国”。而这种让华人向不同

"空间"的转移，其实又导源于百年中国变革观念（进化论、进步论、革命论）的长期洗礼——这种变革观念相信生活的价值总要以在"时间"中不断提供的改善来保证，当这种保证因社会环境的限制而变为感觉不足和急不可耐时，个人和家庭单元的"身份革命"于是发生。直观地看，华人移民"脱出"了民族群体生活。然而，这样的"脱出"却不能仅仅被看作是一种空间上的"离弃"，因为，原本这种群体就已经发展了一种现代的集体无意识：未来发展的目标模式需要放在"外面"来定位——如前所述，现代西方的强烈影响一直就是中国现当代发展的被内化了的驱动力。那么，人们至多可以说，华人移民的生活选择只是要"先于"群体中其他成员的一种"进化"选择而已。于是，在这里问题就可以被描述为：移民用空间的漂移来实现时间的跳跃。或者说，移民是这样一种个体可以操作的生活魔术，它把"历史"变成"地理"，时间的问题于是变成了空间的问题。[11]这种处理策略也能使更大幅面的华人移民史呈现为时间和空间的有机交会：近代规模化的华人移民现象首先见于中国东南沿海部分地区（港澳台）的殖民化所造成的"海外"地区，而作为内地外沿近邻的东南亚（当时也是西方列强的殖民地或半殖民地）也很快成为20世纪初华工、商贩移民的集中去向；继而是抗战和国共内战前后的移民潮奔赴北美、澳大利亚、南非等20世纪上半叶的西方新兴地区；改革开放前后，则无论是港台移民还是内地移民，主要是流向北美、日本、澳大利亚、新西兰、南非乃至欧洲等成熟、发达的西方社会。我国外沿近邻区间，特别是东南亚，已不再是移民潮的目标地。

这是一幅颇有意味的时空图景，标志了在中国本土和外部世界两端同步发生的，由现代初始到今日、由近而远、由浅入深的互动互变。这意味着：西方势力朝向中国本土社会内部的影响冲力越大、持续的时间越长，造成的社会变化就越是深刻，华人移民朝向西方主要国家的倾向便越是明显，他们就越是明显地成为西方社会内部的权力空间的一部分——作为其边缘成分，与其中心统治结构（主流社会）紧密地相对而同在。反过来说也一样：华人移民越是走向西方主要社会，也就越是标志了其旅程另一端的母国（中国）社会被外部世界所影响、被国际政治经济及文化权力网络定位、再定位的性质及程度。笔者把这一模式概括为"双向运行的圈层动态"，或者说是"历史与地理的叠加效应"。

这表明，流散研究最关注的散在、散居问题，表面上是一个空间分布的问题（如上述的华人移民在世界上环绕其母国分布为一个地理上远近不同的“圈层结构”）。但它其实必须同时加以时间轴上的垂直扩展才能避免平面化的注解。这使我们看出，移民流散结构其实是中国社会史、中国和世界关系史的“年轮”式标记，它同时标记了现代以来中国社会被外部力量渗透和改变的程度。

一种超越了又结合着时空两维，以问题演变和生命格局为运转主轴的研究方法和分析策略，是流散研究所可能提供的一种贡献。

三 乐观与悲感

作为一个源出古犹太人离乱经验的概念，“流散”一词固有浓烈的苦难色彩。然而，放在华人经验的语境中，流散究竟应是悲剧性的概括，还是应以乐观视之？如果是前者，为什么它经常附着于中华文化走向世界的宏大叙事？如果是后者，则它为什么又常被充满华人文献的无奈的乡恋主题、苦难叙事和离愁别绪所浸透？

这或许不是严格的科学问题，然而其中却包含着从对世界、历史的认识向美学、艺术理解的跨越。

针对不同时期、不同群体和个体经验的差异，人们不乏从不同角度作出的不同估价。考虑到改革开放以来我国社会经济的迅速发展，延至21世纪开端国际社会已普遍认识到中国崛起的态势，也考虑到海外华人过去多年来在经贸、文化交流中的显著作用，类似阮炜的这种宏观估价并非没有理由：

> ……不难从文明发展的现象中归纳出这样一个规律：散居是文明扩张的一个重要方式，甚至是文明规模扩展的一种形式、文明能量提高的一个标志，一如20世纪后期以来，中国文明向海外移民的规模大于先前几个世纪，而这种较大规模的移民显然又是与中华世界的工业化进程带来的文明规模和能力的扩张密切联系在一起的。[12]

然而，另一方面，如果不是把当代移民问题孤立出来，而是放在近现代历史的整体脉络下，特别是放在本文前述“双向运行的圈层动态”的理解下（即把移民看作西方的外部影响、干涉和中国社会文化有机性、完整性流失的同步过程和结构），则可能会对华人散居的意义产生较为严峻的时空感知。当然，展望苦涩的历史之因有可能化育出未来的甘果是一回事，正视、品味、鉴评这种苦涩并给予有效的解释则是另一回事。

这里的悲剧性在于：近代以来的大部分经验中，华人移民问题是作为中国文化在与世界接触中体现的不幸命运的注解而提出的，如前所述，华人移民是在这种命运中作为中国—世界关系历史结构及其问题的承担者而出场的。

或许可以从有关“适应”的问题出发。笔者注意到，西方有关华人移民的一种基本话语是华人移民难以同化。那么华人移民之流散，是否较之其他文化背景的移民的流散确有自己的特殊之处？若有，构成这种特殊之处的历史文化、现实社会的基础如何？“刘绍铭先生在一篇随笔中感叹法国贵族格雷蒙伯爵可以无所顾忌地归化美国，并且还著书大肆张扬，不以为耻，而美籍华人却无法做到如此，因为有着文化上的‘心魔’，害怕数典忘祖……融合与同化，常常沦于一种理论神话，一旦落实于具体的人事或时空，就显现出希望与现实之间的鸿沟。”[13]

中国移民在海外的立足之难（比如前所转引的刘绍铭所着意的文化心理层面），究竟意味着什么？

我们相信，在今日的形势下，评估华人适应国外生活的困难程度依移民个体选择和机遇的不同应有所差异，但它是否仍具有比较普遍的文化依据？或者说，对民族身份的执着，虽然也同样见于其他文化背景的国际移民，但这种执着在华人移民中间究竟有没有特别的意味？如果有，那又意味着什么？

笔者认为，很多华人移民的“怀旧”“乡恋”情结，不应该作单纯个体心智的解读，它还是某种“集体无意识”的产物。

如上所述，从近代以来的历史看，华人移民在世界范围内去向和移居圈层的扩展过程，其实也就是在西方势力扰动、进逼、干预之下中国社会历史连续性断裂、中国传统文化根脉中断的过程（这是与西方移民问题的深刻区别）。中国传统生活体系在一个很短的时间内瓦解、社会激烈转型和人文价值脱序，都使海外移民很难从一个正被破坏的传统中获得支持其身份重建的足够而有效的文化—精神资源。这一问题所涉纷繁，此文无法完整讨论，但仍可粗略地指出一个精神背景上的问题：支持近代西方移民、殖民活动的是经过文艺复兴个体精神洗礼，又被宗教改革重新后激活的基督教文化，这种文化使个人体验的海外冒险很容易获得宗教心理（如马克斯·韦伯所谓新教伦理）的超越化解释，使移民意义被神圣化，如把开拓“文明”的生活疆土看作一种神圣的召唤。从这一点看，毫不奇怪，基督教传教士的全球活动成了近代殖民的先驱和重要部分。而在华人的文化配备中，对乡土、家园、祖先和宗亲的传统关切是伦理生活的深厚基础，经过发展主义和民族主义的改造，华人精神生活的价值指标仍然具有强烈的世俗性。重要的是，假如说发展主义和民族主义无论有多少不足，仍在本土社会运动中产生了强大的群体整合作用和精神动能，那它们却并不足以为个体在本土之外的流散生存提供充分的超验价值上的安排。在这个意义上，民族主义是现代华人一种超验价值的代用品——其功能既不同于西式的超验价值体系（如西方宗教），也不同于为个体—家族—社群关系提供完整安顿的传统伦理。一个生活在“国外”——民族群体以外的文化成员，如要寻求一种化约其流散身世之得失的超越性意义，则很难从其所来的背景国度的文化资源中获得深厚的滋养——西化既非易事，传统亦已破坏，民族主义除了反复提示其文化身份外，并不足以为其供更有效也即更“主流”或更“普世”的世界观。

应该特别强调的是，这并非一个心智的问题，即并非中国移民的心理品质、适应性或意志力的问题，而是一个历史文化错位的问题：他们的出洋从世界大历史的背景看，并非民族文化的主动外求而是现代化后发民族文化脱序、历史断裂、社会有机性流失和“精神分裂”的后果，因而无由从其所来源的文化世界中获取足够有效的精神资源去支持其移民经历。

这应是华人流散问题的内在症结，也应可以大致解释为什么华人书写有着强烈而绵长的乡恋、寻根、失根、悲苦的主题和风格。一般地说，华人移民的书写，尤其是汉语的书写，无论其具体内容和特色如何，都常常具有一种哀悼式的情态。笔者认为，它们都在自觉不自觉地和这样的历史主题相遇：文化的创伤。对这一深埋于近现代历史的心灵机理的开掘，不能不使我们对华人流散产生一种悲剧性的历史感悟。

然而，这样的理解，却又不能简化为这样一种推断：华人移民无法克服困难，取得生活上的成功——经济、教育、政治权利等方面，这种推断显然和现实相矛盾。虽然他们的成功充满了重重险阻，而且也伴随着重大的心理代价，如身份上的冲突，而克服或减缓这种冲突的精神文化资源却严重不足，这种不足又正是历史文化赋予的命运而非个体可以轻易克服。

同时，上述理解更不应导致另一种推断，华人流散与英雄主义无缘。尽管生活在我国内地的人们不必认同于华人移民的所有选择，但认识到他们在海外如何勇敢地面对诸多世界性和历史性的疑难，如何展开种种现实的和精神的搏斗，哪怕是绝望的搏斗，哪怕其中有着错逆、谬误、捉襟见肘的尴尬和灰飞烟灭的徒劳，我们仍值得借用史景迁对中国知识分子革命奋斗的描述，来感应他们的流散体验——

> 这些人从整体上生动地表现出了中国人在面对时代危机时是多么灵活、多么勇敢、多么敏锐……在我考察的这些中国人身上，可以反复看到，明知政治行动充满危险却义无反顾，明知没有希望结果却一如既往。生活在一个四分五裂、险象环生的世界上，他们表现了非凡的生存能力和勇气。[14]

于是，就本节所提出的乐观与悲感的问题，笔者认为：一方面，华人流散的扩展与近现代中国社会文化的不幸境遇深度关联，这种关联提供一种严峻的、具有悲剧意味的观察方式和研究方向（把华人流散研究和我国的人文精神重建问题结合起来），这种关联同时也解释了华人流散书写中悲剧风格的历史文化意蕴。另一方面，我们不应把有关华人流散的悲情主题、苦难书写完全等同于现实状况，它经常是一种植根于历史文化疑难的感知程式、书写策略和美学风格而已（相应地，乡恋、寻根也未必是一种现实选择的指向，而更多是一种精神心理冲突的虚拟解决）。这就必须看到，华人流散同时带来了华人在世界广泛国家现实的社会生活中的显著成就，他们在经济、教育、政治参与和其他方面的进展累积，正推动中华文化在与其他文化互动中的更新、演变和对外对内影响的扩散。对我们来说，华人的流散经验，他们在一个充满风险的世界上冒险犯难的奋斗精神，提供了乐观主义的历史展望和英雄主义的精神教益。

而且，笔者进一步认为，这种乐观与悲情相杂的感悟，相较于逻辑分割的静态学理研判，更应是流散研究可能带给后现代的文化哲学和文艺美学的新启迪。

结　语

以上三题牵连甚广，完整细密的梳理非本文篇幅和笔者才华所可胜任，却也仅是流散研究的局部，其他如中心与边缘、自我与他者、多元文化与普世价值，甚至流散与“反流散（反离散）”[15]等关系，更联动于当代人文研究和后现代哲学的大量命题。本文的探讨尝试强调：流散研究如欲把当代人类经验的重大变化带进学术思维的世界并引发必要的变化，必须形成属于自己的理论方法的特色，而这种特色又要求在各种固有领域的边缘积极游走，并自觉地实施概念之间、命题之间、文本之间和话语之间疆界的超越。正是通过对各种分际的跨界综合和灵活处置，流散研究将开辟自己的、又是其他多学科都能共享前行的通衢大道。

（作者信息：钱超英，深圳大学文学院教授）

注　释

［1］罗钢、刘象愚主编：《文化研究读本》，中国社会科学出版社2000年版，第221—222页。

［2］陈爱敏：《流散书写与民族认同——兼谈美国华裔流散文学中的民族认同》，《四川外语学院学报》2008年第2期。

［3］［美］本尼迪克特·安德森：《想象的共同体——民族主义的起源和散布》，吴叡人译，上海人民出版社2005年版，第179—180页。

［4］［澳］王赓武：《移民及其敌人》，见《王赓武自选集》，上海教育出版社2002年版，第159—187页。

［5］［美］欧阳桢：《传统未来的来临：全球化的想象》，《全球化与后殖民批

评》，中央编译出版社 1998 年版，第 56—57 页。

［6］［美］阿里夫·德里克：《全球性的形成与激进政见》，中央编译出版社 1998 年版，第 2 页。

［7］［英］查尔斯·洛克：《全球化是帝国主义的变种》，《全球化与后殖民批评》，中央编译出版社 1998 年版，第 45 页。

［8］朱大可：《流氓的盛宴》，新星出版社 2006 年版，第 74 页。

［9］［澳］艾力克斯·米勒：《祖先游戏》，台湾麦田出版社 1996 年，第 61 页。

［10］［美］哈罗德·布鲁姆：《西方正典——伟大作家和不朽作品》，译林出版社 2005 年版，第 291—309 页。

［11］钱超英：《“诗人”之“死”：一个时代的隐喻》，中国社会科学出版社 2000 年版，第 55 页。

［12］阮炜：《文明的表现——对 5000 年人类文明的评估》，北京大学出版社 2001 年版，182 页。

［13］饶芃子、费勇：《海外华文文学与文化认同》，《国外文学》1997 年第 1 期。

［14］［美］史景迁：《天安门——知识分子与中国革命》，中央编译出版社 1998 年版，第 5 页。

［15］［美］史书美：《反离散：华语语系作为文化生产的场域》，《华文文学》2011 年第 6 期。

从“候鸟式迁移”到“日久他乡是故乡”

——关于移民社会形成历程的思考

一 前言

移民是社会的一个常态，移民研究一直是学术界关注的重点领域，有关的研究成果相当丰硕。一是对移民的类型学分析，按照不同的标准有不同的分类。如按移民产生原因，可分为工程性移民、灾害性移民、战争性移民、政治性移民、经济性移民、生态性移民、扶贫性移民等；按移民的规模，可分为个体性移民、集体性移民和大规模移民；按移民的主观意愿，有自愿性移民和非自愿性移民；按移民的发展诉求，有生存型移民与发展型移民。二是研究移民的成因与规律，形成多个理论学说，有推拉理论、新古典主义经济理论、新经济移民理论、劳力市场分割理论、世界体系理论、社会资本论（社会网络说）等。三是探讨移民在迁入地的发展问题，有所谓“熔炉论”和“文化多元化”等不同观点。近年来，移民研究有空间化的转向，文化地理学把地形（空间）视为社会关系和文化价值的反映，而跨地域研究则把地形（空间）视为移民的社会实践，列斐伏尔的空间理论认为，空间不是一种纯粹的外在物质存在，也不是人类对世界秩序的理解，而是人的实践和创造的物质面向，是一个社会过程。

移民是在一定时间和空间呈现的社会现象，移民社会更是一个基于从地理空间、历史文化到族群心理以及自我认同的长时期的过程，而这个转变的过程是移民研究中所忽视的环节。本文试从人类学过程论的视野，提出移民在迁入地完成从“候鸟式迁移”到“日久他乡是故乡”的转变，从而实现移民社会从移居社区到定居社会的转变历程。

二 移居社区概念的提出：兼论相关概念的厘析

笔者认为，由于人口迁徙而形成的移居社区是移民社会形成过程的一个重要形式与阶段，也是移民自家乡（移出地）迁徙出来后，从“漂泊不定”到“候鸟式迁移”，再到“日久他乡是故乡”转变的中间阶段。

（一）何谓移居社区

移居社区是建基于移民研究和社区研究而提出的实验性、学术性概念。它的提出有其存在的可能性和研究的必要性。从社会现状来看，移民是社会常态，是永恒的社会现象，特别是在改革开放后，人口流动已经成为中国社会的一种常见的社会现象，然而就总体而言，流动人口无论是人缘还是地缘在流入地都不占优势，至多只是在某些特定地区和行业上流动人口具有某种程度上的地缘和人缘优势。由于流动人口群居而形成的移居社区即是典型案例。

移居社区既是指移民在迁入地居住空间上的具体形态，又是移民在迁入地的融合状态。古今中外的移民并不是一次就定居成形的，而是经历了一个发展阶段。移居社区就是其中的一个重要的过渡阶段，经历一段时间（通常是几代的时间）后，假如客观条件允许的话，流动人口开始转为移民，与当地社会进一步融合，在居住空间上成为定居社会，最终有可能与当地社会同化，或者保持自己文化的独特性。移居，是指移民“移且居”，但“居不定”的状态。“移”表示移动，有移出也有移入，它是动态的，表明人的流动、迁移状态；“居”，是暂居、栖居，它是静态的，说明在流入地的居住状态。移居社区，由移和居这一动和一静所组成，暂时稳定，但有很大的变动，无论人员、心态还是地域以及象征皆是如此。

吴维平、王汉生认为，近十多年来，在北京已经形成了一些大规模的流动人口聚居地或社区。这些流动人口聚居地或村落大多位于城乡结合部，同城市的中心区域相比，这里租房更加容易。而流动人口聚居地或村落也往往是由来自同一省或同一地区的人所组成，其中以浙江村、河南村、安徽村和新疆村（2000 年，新疆村的大部分因拆迁而解散）为著名。同其他发展中国家的大多数移民社会不同，北京的流动人口村落是指那些已经形成的、流动人口数量大于当地居民数量的现有建成区，流动人口大多向当地居民租房或住在由当地政府或私营商业所兴建的市场里，非法占地的现象极为少见。关于这样的流动人口村落是否是一个具有吸引力的居住地的问题，在流动人口中间存在着很矛盾的看法。一方面，同老乡住在一起会带来一种归属感和精神上的支持，这对于那些因为方言口音而难以同当地人交流和感到受当地人歧视的流动人口而言尤有裨益。另一方面，同当地居民住在一起则使流动人口能更好地适应新的生活方式。

从思维方式和社会运行的状况看，社会、文化和人们心理的发展和进化就像一根链条，中间不可避免地存在着一个过渡阶段或者间断性。美国心理学家斯坦利·霍尔根据他对西方社会青年的研究，率先于 1904 年在两卷本的《青春期》一书中提出了著名的“青春期危机”的理论。认为青春期象征着人类的一个动荡的过渡阶段。青春期的出现是一种“新的诞生”，意味着个人心理形态的突变和危机。沿着霍尔的思路，斯普兰格把青春期誉为“第二次诞生”，而霍林沃思更是形象地喻之为“心理断乳”。人类学对于过程的理解，更多的是指一种思潮，一种视角，在具体研究取向上，将过程论的视野与人类学的结构—功能主义以及历史学年鉴学派关于长时段、中时段和短时段概念等结合起来，既注重客观的自然环境、社会结构、历史因素，又强调主观的行动、认同、意识、想象等。如米德从文化传承与代际的关系强调文化进化的间断性，认为人类文化具有前塑、同塑和后塑三种类型。“前喻文化，是指晚辈主要向长辈学习；并喻文化，是指晚辈和长辈的学习都发生在同辈人之间；而后喻文化则是指长辈反过来向晚辈学习。”人类学家通过对仪式等研究发现，存在一个过渡阶段。如范·盖内普提出“通过礼仪”，认为人的一生中的仪式包括分离、过渡或通过、统合或组合这三个阶段。三者相互关联，人生中每一个转变都产生社会干扰，各种过渡仪式的功能就在于减少这种干扰的影响以保持社会的均衡。

目前我国对城中村，对农村外来流动人口管理采取的是另一种极端形式，即希望通过取缔、消灭等方式完成，而不是让其自然发展，自然过渡。因此，阈限很重要，绕过或永久占据都是危险的，也是不可取的。移居社区作为移民社会发展过程中的过渡阶段，具有阈限的特征和功能，值得特别注意和重视。

任何一个社区研究，皆蕴含着一个内在与外在的关系，同时也是地方和空间的关系，草根集体行动、乡土观念。例如，1996 年治理整顿后，“浙江村”不复存在，为什么？后来北京市政府请他们回去，浙江人不回，这又是为什么？这说明他们对所移居或寄居的地域缺乏深厚感情，他们在某一地域成群抱团主要还是源于地缘上的群体认同，在地理空间、历史文化、族群心理等方面还没有达致认同。但是，整个中国进城的农民越来越多，由各地进城农民聚居而成的“××村”如同雨后春笋，“新疆村”、“安徽村”、“河南村”比比皆是，这里拆了、赶了，又在那里重建、涌现，真可谓“野火烧不尽，春风吹又生”。其中缘由值得深思。移居社区居于何种地位，有何作用？与我国现行政策、制度有何关系？移居社区在现代社会中的地位，它反映了我国当前社会发展哪方面的问题，有何意义？思考人类学作为一门学科如何存在于当下这个快速变动的时代，如何在这个常被我们称为后现代、后工业、后福特或后殖民的状况中维持认同？相对于社会学或心理学，我们可以有什么特殊的贡献吗？

（二）与移居社区类似的概念

民工社区/外来人口社区（棚户区）。城市流动人口的过速发展，具有形成未来城市贫民窟的潜在威胁和民工社区的发展趋势。这是由外来人口的诸多特点所决定的：一方面，外来民工具有一定的团体性和帮派性；另一方面，外来民工居住地往往是当地人口密度低、地域开阔、可供借用房源较多、消费水准不高、管理薄弱的城乡结合部；再就是，外来民工多以籍贯职业聚居，易形成一定规模、具有共同利益和某些集团的意识行为的民工社区“雏形”，如北京的“浙江村”、“福建街”、“新疆村”等民工社区。

民族社区。城市少数民族形成了类似全国少数民族“大杂居，小聚居”的分布特点，多数分布在机关、团体、厂矿、学校及各街区等，少数有自己相对集中的聚居区，有传统的民族社区像北京的牛街、武汉的广益桥等，还有因设立民族工作机关和民族教育机构形成的民族社区。一些城市还出现了少数民族流动人口社区，北京、深圳、昆明等地因设立民族村、民族园、世界之窗、锦绣中华诸如此类的特色旅游景点所形成的新型民族社区。

“类社区”、类社会群体。这些以血缘、亲缘、地缘联系起来的移而不迁、循环流动的人群，逐渐形成了大大小小的非正规组织的类社区、类社会群体。他们居住在同一地区，来自同一村庄，从事同样的工作，成了农村社会网络向城市的延伸群体。这是网络式迁移流动，它是在中国传统社会网络的基础上形成的，有着深厚的历史文化背景，历史上的同乡会馆、商会就是类社区、类行会的自治团体。迁移到世界各地的华人无不存在以乡情、亲情为纽带的关系网络、华人团体、组织会馆、商会，以至于形成建立中国城。

准社区。周晓虹认为“浙江村”的村民是以自我雇佣的独特方式进入城市的，其“村民”不是以散在的方式生存于不同角落的，他们集中在一起，形成了一个既与北京当地人（房东）相往来又与后者在生产和生活方式上相区别的“准社区”。

过客。陈祥水在《纽约皇后区新华侨的社会结构》一书中首次提出“过客”概念。所谓过客，“是指一个固执于他本人族群文化的人，而不是一个双文化的边际人。在心理上而言，他并不愿把自己所做客的国家地区视为永久居留地”。陈祥水从家户和社区活动两方面入手，探讨一个外国华人聚落的社会结构与变化。

移民融入模式。王春光将移民进入、定居到适应这个过程称为融入。融入是一个动态的概念，表示移民与迁入地社会关系的过程，而融合表明这个过程的完成和终结。目前还没有一个完全同化的国际移民模式，所以从融入这个角度更适合于研究巴黎的温州人，因为巴黎的大多数温州人是20世纪80年代之后进入法国的，现在从最终状态的角度来探讨他们与当地社会的融合为时尚早。

三　移居社区发展转变的模式

（一）文化象征模式

这种社区模式以瑶族“千家峒”较有代表性。千家峒是瑶族历史上的重要居住地之一，也是瑶族人民心目中的圣地。传说千家峒曾经有千户瑶族人家，这里丰衣足食，五谷丰登，没有剥削压迫，与外界相隔绝，过着世外桃源般的生活。有一年这里被外来人发现，官府派人前来收税，税官进了千家峒被热情的瑶民东家邀西家请，一住就是几个月。官府以为税官被瑶民杀害，于是派重兵上山围剿，瑶民被迫逃离故土，流落他乡。下山前，全村瑶民举行了一个隆重的集会，将金银财宝和盘王铜像埋藏在一个山洞里，将一个牛角锯成十二节，每姓瑶民各持一节，约定五百年后，全部瑶民重回千家峒，团聚，将十二节牛角拼接在一起，吹响三声，重建家园。但由于迁徙变更、历史久远的缘故，千家峒的地理位置却迷失了。散居在国内外的千家峒瑶族后代，为了实现祖先诺言，几百年来，他们不畏艰辛发起过一次又一次寻找千家峒的运动，但一次又一次地失败了。学者们对此提出了诸多意见，宫哲兵教授提出了千家峒以都庞岭主峰韭菜岭为主心，包括广西壮族自治区灌阳县东部、湖南省道县西部、江永县西北部地区的观点。

香港潮州人“九龙城”。郑丽美探讨九龙城的潮州人如何在都市环境下，透过商业活动和节日庆祝活动，将分散在香港不同地区的潮州人聚集在九龙城。并帮助建构和呈现他们的族群认同。九龙城前身为九龙寨，是建立于清代的一个兵寨。九龙寨以潮州人为主，潮州人占百分七十还多。九龙城被拆后，九龙城的潮州人并没有因为搬入其他地区后而完全融入当地社区，而是仍然与九龙城有密切的关系。由于能用潮语交谈，所以潮州人大量前往九龙城购物，并举办天后诞、盂兰节、宗族祖先崇拜等社区活动，还用保持与家乡的联系来加强九龙城潮州人的认同。

这种以文化象征、追溯中心为主要特征的移民性聚落社区还有广东南雄珠玑巷、畲族“潮州凤凰山”，客家“宁化石壁村”，山西“洪洞大槐树”，南昌瓦子角等地。

（二）唐人街模式

这种社区模式主要是指迁居国外的华人形成的一种社区类型，因“唐人”具有中国人、华人等意含的指代，故以此名称指代、概称。这方面的代表作是周敏的《唐人街——深具社会经济潜质的华人社区》一书，笔者在该书中，提出民族社会聚集区经济区的概念，认为唐人街是一个社会经济结构，它给中国移民提供了从大社会难以得到的种种方便和机会，并且帮助移民在不丧失民族性和凝聚力的情况下，在社会上奋斗、发展，逐渐壮大。

（三）新凤凰模式（湮没）

1932年夏由B. 荷曼（Bernhard Hormann）主持，对广州河南新凤凰村进行实地调查，并对这一南中国典型农村的农村社区做了较为深入的社区研究。这种移民性的社区虽然不会像西方国家大都市中的黑人和拉丁美洲裔聚居区那样沦落为城市里的贫民窟，但是它逐渐萎缩甚至湮没，成为移民民族社区的历史遗存。

（四）终结模式

即移民社会最终消失，这类模式的移民社会虽然数量很多，但是其学术价值不是很大。

四　移居社区向定居社会的转变与特征表现

从总体来看，移居社区转变为定居社会是一个自然的过程，“是移出社会的各个特点逐渐削弱而为定居社会的特点所取代的过程”。

> 唐山流寓话巢痕，潮惠漳泉齿最繁；
> 二百年来蕃衍后，寄生小草已深根。

这是清末爱国志士、著名诗人丘逢甲早年所作的一首《台湾竹枝词》。丘逢甲是祖籍广东省蕉岭县的客家人，清乾隆中叶，丘逢甲的曾祖父丘仕俊因耕地狭小，无以为生，遂迁至台湾，到丘逢甲这一代，丘家在台湾定居已有四代、近百年的历史了。这也是多数闽粤籍台湾移民共同的历史。到清朝末年台湾逐渐由移民社会向定居社会转变，祖先祭祀也由祭祀“唐山祖”向祭祀“开台祖”转变，台湾人的居住地认同逐渐加深。所以一般台湾人不论祖籍何处，都愿意将台湾认作真正的故乡。丘逢甲的《台湾竹枝词》中有一首诗很生动地说明了历史上移民从暂居至定居转变过程。

又如，广东梅州黄氏宗亲认祖诗：

骏马登程往异方，任从胜地立纲常。
身居外境犹吾境，日久他乡即故乡。
旦夕莫忘亲命语，晨昏须荐祖宗香。
惟愿苍天垂保佑，三七男儿总炽昌。

全国其他各地的黄姓的认祖诗与上述大同小异，共同表达黄氏子孙尽管分徙五湖四海，但都不忘祖恩故乡，同时又主动融入迁入地。历经岁月的流逝，终致“寄生小草已深根”、“日久他乡即故乡”，原乡社会更多的留存于记忆之中，昔日寄生的小草深深根植于在地，他乡已成故乡了。

从移居社区转变发展为定居社会，其特征表现不一。以台湾移民社会为例。陈孔立认为，在台湾，移民社会结构以祖籍地缘关系为主进行组合是一个基本特征。就是说，大量移民基本上结束，移民已经定居下来，繁衍后代，新从外地来的移民在社会上已经不占多数；社会的结构也有所改变，以祖籍地缘关系为基础的结合逐渐淡化；从居民来说，也逐渐认同当地，自认是当地人，与原籍地的关系相对淡化；社会结构逐渐复杂，经济文化逐渐发展和进步。所谓的移民社会结构主要包括人口结构、职业结构、宗族关系等，分析台湾从移民社会转变为定居社会必须从这几个方面入手，并以此来作为判断台湾转变为定居社会的标准。

（一）人口结构的变化

以移民为主体转变为移民的后裔为主体是社会转型的标志之一。实际上就是，大量移民基本上结束，移民已经定居下来繁衍后代。新从外地来的移民在社会上已经不占多数，社会的结构也有所改变，以祖籍地缘关系为基础的结合逐渐淡化，从居民来说，也逐渐认同当地，自认是当地人。与原籍地的关系相对淡化，社会结构逐渐复杂，经济文化逐渐发展和进步，按照这种观点，清代前期的移民和清代后期的移民有什么样的变化呢？清代前期本地居民以移民为主人口的增长主要以移入增长为主，历史上人口流动的动因，除了战乱、灾荒之外，更主要也是更经常的是随着市场化经济的发展，以及因人多地少矛盾的加剧，促使大量人口向城镇、水陆交通沿线聚集。由人多地少的窄乡向人少地多的宽乡迁居，这种人口流动不但时间上连绵相延，而且规模也在扩大。

（二）职业结构的变化

在众多的移民中，单个人外出闯荡世界的占有相当的比重，有的则与乡里亲友作伴相邀外出。这些人除商人和手工工匠外，多数是贫苦农民，他们构成了清初移民的大部分。当然，清代台湾移民并非清一色的农民，从职业的角度出发，他们可以分成士、农、工、商以及游民几大类，他们共同构成了当时台湾居民的职业结构。不过台湾无业游民在社会人口中占有相当大的比重，开港以后的土地被大规模开发，商业贸易也繁荣了起来，居民的职业结构渐趋复杂和完备。同时，无业游民由于贸易的带动在人口中的比例大大减少。

（三）宗族关系的变化

祭祀圈和宗族是研究台湾移民社会组织的两条重要线索。超祖籍的祭祀圈的建立和血缘宗族是台湾由移民社会转变为定居社会的重要标志。人群和祖籍是早期移民结合的基础，也是地缘组织的依据。祭祀圈和宗族一方面使移民社会在新环境中有一共有的认知；另一方面，共同的方言与习俗提供了新的社会生活内容，而作为人群和祖籍具体的表征除语言外，便是不同人群奉祀的移民从故乡携来的保护神。在新开辟的土地上供奉主祭神作为旧文化延续的象征，也成为新社区的标志。随着移民的增多和聚落规模的扩大，出现了对地方守护神的共同祭拜，以致后来又出现了以超聚落、超祖籍的祭拜为主要特征的祭祀圈。原来以地缘关系为基础进行的组合的情况有了改变。宗族的形成和祭祀圈的形成是联系在一起的。

移居社区是一个过渡社会，除了自然消亡以外，它必然要向定居社会转型。但移居社区与定居社会又是两个不同的移民社会，虽然两者的主体都是外来移民，但是它们在形成与存在的时间、移民的心态、居住状态、社区认同、文化象征、社会组织、社会阶层等诸多方面均有较大的差异，形成了两种不同类型的移民社会的形态和特征。

表1 **移居社区与定居社会的特征之比较**

名称 特征	移居社区	定居社会
形成与存在时间	短	长
移民心态	过客/落叶归根	地主/落地生根
居住状态	候鸟式流动	永久定居
社区认同	血缘认同感强，对移出地有强烈的地域感强	地缘认同感强，对迁入地的地域感强
文化象征	少	多
社会组织	不健全	健全
社会阶层	同质性较强	异质性强，分化较大

（作者信息：周建新，赣南师范学院研究生院党总支书记、江西省高校人文社会科学重点研究基地赣南师范学院客家研究中心主任、教授、博士）

试论网络对移民社会公共空间形成的作用

互联网及其所创造的文化和环境已然深刻地影响和改变了我们与我们的社会，而且这个影响和改变仍在进行和展开当中。可以肯定，迄今为止我们更多地收获了其积极的作用和影响。那么，相对而言被互联网更为深入影响的深圳移民社会，互联网从哪些方面对深圳移民社会产生了影响和发挥了作用呢？本文将主要从互联网推动深圳移民社会公共空间乃至整个中国社会公共空间的形成角度论述其作用及意义。

对于一个国土辽阔、人口众多，并且由多民族构成的国家来说，网络所营造的公共空间具有非凡的意义。可以毫不夸张地说，在网络普及之前，从未有一个如此广阔的作为文化和思想的交流平台和空间，可以在短时间内聚集起公众的注意和社会舆论，并发挥其积极作用。借助这个空间，草根阶层也感受到了从未有过的话语的酣畅淋漓。“在社会结构急剧转型的当下，传统的舆情通道因官方‘报喜不报忧’的潜规则已慢慢功能退化，网络事实上承担了表达民意、舒缓民愤的重要功能。”[1]而对于人与人之间关系比较疏离的深圳移民社会而言，网络对黏合移民之间的自发的交往、沟通与情感联系，整合移民社会的文化同样起到非同一般的作用。综合这些年来的各类事件、人物、社会与网络的互动情况，可以看出网络对移民社会的公共空间形成主要发挥了以下作用。

首先，网络从整合移民社会的文化上推动移民社会公共空间形成。在社会急剧变迁、社会价值观念等文化业处于变动的情况下，文化上的整合对重聚社会心理和社会的稳定持续发展具有特殊意义。比如 2008 年奥运会火炬传递过程中出现了藏独分子破坏圣火传递的恶劣事件。西方一些媒体对事件进行了倾向性明显的报道，部分流亡海外的藏独分子的暴乱行动，很可能会加深人们对藏民族和其他民族特别是和汉族之间的矛盾，但结果却恰恰相反，这一方面是由于政府的一系列措施和努力得当；另一方面，我们可以明显感觉到，网络的真实而及时的新闻、图片的即时传播，网络论坛上的批评、沟通与交流，一方面使到人们迅速地了解了事实的真相，另一方面也化解了部分西方媒体的单一或片面性的报道。总之加强了民众之间、民族之间的沟通与了解，不仅快速而有效地化解了矛盾与分歧，而且也达到了不同文化的融合和整合的作用，显示了网络所特有的加强文化沟通，黏合和整合文化差异的作用。也许传统媒体或其他的社会工具也有类似的作用，但毫无疑问，它们肯定没有网络所具有的即时、快速、广泛等优势，也就不可能达到如此即时和快速地使不同观点和意见之间产生交流和黏合的效果，由此可见，网络发挥了对不同文化的整合作用，而且效果显著。

深圳房网的各个论坛，从人们买卖房子、了解和交换有关房源等信息的需求开始，移民们自发形成了各个花园小区的消费者和住户之间的远远超出地产以外的其他信息的沟通和交流群体，可以说这些论坛已经逐步发展成了具有某些公共空间特点的自发性网络团体或发展到线下团体。对移民社会的文化整合，对移民社会公共空间的形成无疑具有重要意义。此外，深圳之窗等网站、存在于网络上的各种形式的 QQ 群，近年来开始盛行的微信群同样也发挥了类似的作用。

其次，网络公共空间从化解和转化现实社会矛盾上促进了移民社会公共空间的形成。以往人们有了困难、碰到不公正对待、有冤情的时候，解决的方法一般是，要么忍着，要么采取暴力对抗。要么私了，要么寻求法律途径，要么上访，但有了网络公共空间之后，至少部分这样的冤情或矛盾会通过网络的途径向公众、社会和政府迅速传达，事实也已经多次证明，这样的方式来解决问题和矛盾对个人和社会来说，都是最低成本而又有效的。可以看到，网民们正在慢慢学会利用网络平台和网络公共空间。可以毫不夸张地说，如果没有网络所营造的公共空间，中国社会的矛盾在现实层面上的表现一定会更加激烈，移民社会也一样。近来群体性事件时有发生，估计如果没有网络的话，类似的群体性事件会更加频繁地发生。不可否认网络的确让很多的不满和义愤得到发泄，民众的道德感与道德情怀也得以抒发，网络的声援和支持也一定程度上缓解和满足了人们的道义诉求和道义感，低成本地转化和化解了社会的矛盾与不满。杜平认为：“‘若要人不知，除非己莫为’这句老话在网络时代真正变成了现实……在主流媒体无法充分发挥监督作用时，网络在震慑丑恶现象、唤醒公众的社会责任意识方面的作用是不可忽视的。”[2]震慑和唤醒显然也是对问题和矛盾的化解。通过网络公共空间，社会问题与矛盾可以及时被发现或转化，个人的疾苦和困难也因为网络凝聚的力量而被关注和解决。分散的个人因为网络公共空间可以瞬间聚集，既可以表达爱心，也可以抒发道德情感和义愤，这无疑对整个社会来说都是有积极意义的。

再次，网络公共空间从疏通并拓宽了政府与民间的沟通渠道上促进公共空间的形成。不可否认，网络已经成为社会利益集团和个体利益表达的重要渠道，“互联网的出现为社会利益群体提供了另外一条体制外的利益表达渠道，由于网络的互动性、匿名性、及时性和经济性等特点，使互联网成为社会利益群体反映民意和满足政治参与要求的渠道”[3]。种种迹象表明，网络舆论已经引起了政府的高度重视，温家宝总理在公开场合多次表示非常关注网络舆论和网民意见，2009 年两会召开前，温家宝总理在线与网民交流两个多小时，聆听来自民间的声音。2008 年 2 月 3 日，新任广东省委书记汪洋、广东省省长黄华华在几大网站发布了《至广东网民的一封信》给网民拜年，欢迎网民“灌水”“拍砖”，信发出后，不到 3 小时，就有 17 万人次点击，到 4 月 17 日上午两位领导与网友会面为止的两个多月时间，留言超过 5 万多条，点击超过千万次。[4]2008 年 6 月 20 日，胡锦涛总书记在人民网强国论坛同网友在线交流，并在回答网民“小火龙”的问题时表示“网友们提出的一些建议、意见，我们是非常关注的。我们强调以人为本、执政为民，因此想问题、作决策、办事情，都需要广泛听取人民群众的意见，集中人民群众的智慧。通过互联网来了解民情、汇聚民智，也是一个重要的渠道”。2007 年 12 月 26 日，奥一网推出了“我为广东科学发展建言献策”的网上征文活动，网友日均发帖 500 条以上，仅一个多月点击量超过 300 万人次。到 2008 年 4 月 14 日，仅奥一网就有 3 万余条专门给书记汪洋的帖子。在“有话问黄华华省长”的互动专题中，发帖也超过 1 万条。可见，网络已经成为政府与民间沟通的有效途径和通道。网络公共空间的政治功能和政治价值已经被执政者所发掘和认识。

作为深圳新闻网的评论员，笔者了解到，自 2006 年以来，政府有关方面一直致力于打造的深圳新闻网，逐步建立起以每日快报、每周简报、大事专报为产品链的舆情监测系统。并从 2012 年 4 月开始，舆情工作室在舆情监测基础上，经案例筛选、数据统计、分类对比、专家点评等流程，按月度制作“深圳市网络舆情应对能力排行榜”。旨在对各区各部门在应对不同类型舆情事件时的响应速度、信息发布、引导措施、应对成效等方面进行积分排名，以此来推动各区部门更主动、更有效地应对舆情。毫无疑问，有关方面利用网络平台与民间社会这样积极主动地互动，不仅拓宽了政府与民间社会沟通的渠道，而且还及时快速地化解了各种矛盾，有利于移民社会的文化和观念整合。

最后，网络从文化和观念上催生了深圳移民社会，使深圳民间社会能独立于政府而存在。这对深圳以致对于整个中国社会发展来说都具有非凡意义。社会与国家的分离或分立对现代社会发展来说很有必要，哈耶克认为，国家、社会、政府本来就应该是相对独立的领域。社会将呈现自生自发的发展态势，而且一直会演化下去，国家则可能是一种意志的刻意建构的产物，而政府只是管理国家促进社会发展的一种组织机构。“上世纪中期在德语中逐渐引进这个概念时，人们把不由国家有意识组织的、而是自发成长的秩序称为‘社会的’。法的尤其是国家的安排的结构关系与非国家的、通过自发过程形成的结构关系之间的分水岭在古典自由主义中起决定性作用，后者通过自动的过程，通过‘许多代人的行为之间的相互作用的不可预知的结果’产生，这一分野恰恰以‘国家的’和‘社会的’这对概念明确表达出来。”[5]因此，社会循自生自发的发展过程，而国家在不同的历史时期则由不同的政府管理。社会与国家的历史的发展已然给出佐证。

所以，对社会、国家与政府不可等同视之。哈耶克认为：“国家乃是把一定领土范围内的人结合在某个政府之下的组织；尽管国家是一个发达社会得以发展所不可或缺的一个条件，但是人们却决不能把它与社会等而视之，或者更确切地说，人们决不能把它与享有自由的人在他们之间所形成的复杂多样的自生自发结构等而视之，因为只有这些结构才能够真正地被称为‘社会’。”[6]但不可否认长期以来，我们在理论和观念上却缺乏社会、国家与政府分立的清晰思路和观念，因而造成了对社会自发性发展缺乏认识，也没有给予基本的尊重，具体表现是，有时候对社会自发发展的力量缺乏足够的认识，过多干预了社会的自发发展进程，这种对社会发展进程的过多理性和善意的干涉，事实证明总是事与愿违，一定程度上反而会阻碍社会本身的进化与发展。

因此，社会是缓慢发展和进化的产物，它应该拥有自己的发展空间，并得到应有的尊重。正如哈耶克所言："我们的意思是要表明，这些社会的力量或社会的结构并不是一种个人意志的产物，而是世世代代无数个人进行的复杂活动所产生的一种未曾预见的结果。在这个意义上讲，所谓'真正社会的'，在本质上乃是无个人特征的（anonymous）、理性不及的（non-rational），当然也不是逻辑推理的结果，而是一种超个人的进化与选择过程的结果。应当承认，每个个人对这个过程所产生的结果都做出了自己的贡献，但是这种结果的组成部分却不是任何单个个人的智识所能够控制的。"[7]

到目前为止，我们的确已经可以看到，网络公共空间推动了深圳民间社会也推动了中国民间社会的形成，而由网民所构成和推动的（网络公共空间）社会确实呈现出了自发生长和成长的态势。主要自发性的社会特征表现为，参与构建网络公共空间的无数网民完全基于自由和自觉，没有任何外在力量的强制；在历次的涉及真实、公义、民心等的公共事件中，这个由无数人参与而形成的公共空间都显示出了独立于国家和政府权力之外的巨大力量，构成了不可忽视的社会舆论，相信这肯定会启发和教育网民和全社会逐步认识和熟知网络公共空间的力量，从而使得网络公共空间可以继续按自发的模式发展和演化下去。因此，把网络放到更为宏观的社会视野里，网络公共空间就不仅已然使社会从国家当中分离出来，而且也已经成为独立于国家和政府之外推动社会进步与发展的有效力量。松散的移民社会更需要这种自发性的社会力量。

如果打个比方，笔者以为网络在深圳社会以致整个中国社会所构建的公共空间有点类似于西方社会早期的私人沙龙，只不过区别在于，西方的沙龙是少数人交流观点和思想的领地，而由网络所构建的公共空间却可以容纳更多的人，融合更多人的意见和智慧，虽然其中新思想和观点虽然肯定也是由少数人提出的，但因网络的特点，却可以让广大的公民即时参与进来，所以达到的效果和影响显然是当时西方社会的沙龙不可同日而语的。可以预见，深圳市民的观念、市民意识和市民社会也将在这个过程中逐步形成，其中网络的功劳不可忽视。

当然，本文并不能详尽概括网络及其形成的文化对深圳移民社会公共空间形成的全部作用，因为这一过程尚在展开当中。而且也不得不承认，网络所推动和催生的这个公共空间还存在很多问题和不足，有其自身的问题，也有因外部因素的影响而产生的问题，比如言论有不畅通和受阻的时候，也有“网络暴力”或“网络暴民”的不尽如人意的现象存在，但可以看到，那些事关社会民生的公共话题在网络公共空间中已经被允许并得到充分和广泛的讨论，同时事实也表明，这种网络上深入的讨论所形成的舆论压力也已经在现实社会中发挥了一定的作用，这是前所未有的社会现象，也是前所未有的社会进步。对于事关民生的问题，移民们已经可以借助于网络平台发布更多的意见和看法，市民的话语权得到进一步实现。所以我们必须充分肯定网络已然催生了的移民社会的公共空间，同时我们也期待这一公共空间能够不断发展壮大，从而与其他各种力量一同推动深圳移民社会的繁荣发展。

（作者信息：马云驰，深圳大学法学院副教授）

注　释

［1］王琳：《虚拟世界的真实规则》，《同舟共进》2009 年第 1 期。

［2］杜平：《网上的中国令人振奋》，《同舟共进》2009 年第 1 期。

［3］郭春甫、定明捷：《网络作为利益表达渠道的选择与公共政策构建》，《中国社会科学文摘》2008 年第 5 期。

［4］《晶报》2008 年 4 月 18 日 A6 版。

［5］［德］格尔哈德·帕普克主编：《知识、自由与秩序》，黄冰源译，中国社会科学出版社 2001 年版，第 190—191 页。

［6］［英］哈耶克：《法律、立法与自由》第 1 卷，邓正来译，中国大百科全书出版社 2000 年版，第 474 页。

［7］［英］哈耶克：《哈耶克论文集》，邓正来译，首都经济贸易大学出版社 2001 年版，第 168 页。

乌托邦精神与深圳移民文化变迁

乌托邦是人类精神的重要维度，20 世纪以来，许多中西方学者非常重视这一概念并对其内涵进行了诠释，在乌托邦精神研究的代表人物卡尔·曼海姆看来，乌托邦精神是人摆脱了物的静态，创造历史，塑造历史的意志，从而实现对历史的理解的精神形态。[1]我们可以吸收曼海姆对乌托邦精神的定义，对深圳移民文化变迁中的乌托邦精神进行解析。移民文化是移民背景下所出现的思想观念形态的文化，我们也可以将其理解为移民社会中人们的精神活动以及其所产生的精神产品，体现在上层建筑层面，包括道德伦理、宗教、哲学、艺术、政治、法律思想等多方面。深圳移民文化中的乌托邦精神主要体现在生活方式和价值观念的依据上，具体地说就是指在现实生活中，深圳移民文化中的思想和价值观念的理想性内容。这种乌托邦精神是深圳特区开拓创新的精神动力源。同时，深圳移民文化中所包含的乌托邦精神之所以更能引起我们的注意，主要是因为深圳作为一个移民城市，其主流文化是由多元文化汇聚而成的，因此并不存在真正的主导性的原有文化。在这种情况下，移民文化之间是平等的、相互包容和相互融合的关系。这也意味着，文化之间冲突的分析模式并不适用于深圳的移民文化变迁。在这种情况下，我们应当突破文化冲突（非此即彼）模式的局限，在不同文化共融的前提下对移民文化进行分析。[2]我们发现，深圳移民文化变迁的动力主要源自对未来的想象，其趋势是面向现代化，不断对自身进行变革，而不是像其他地区那样，已有的主导性的生活方式以及精神生活对移民文化产生冲击和同化。

深圳移民文化的发展经历过流变，我们可以对这些流变进行阶段划分。但每个阶段移民文化均带有一定的乌托邦精神的痕迹，这是深圳城市空间充满活力的最初动因。不同阶段的乌托邦内容是不同的，需要进行探究。通过乌托邦精神的梳理可以尝试判断未来深圳发展的乌托邦精神的基本样态。

一 乌托邦精神在深圳移民文化变迁不同阶段中的地位

深圳移民文化在不同的发展阶段，引导其变化的乌托邦精神是不同的。要探究这一变化的基本轨迹，首先需要历时性地梳理两者在各个阶段的发展路径以及两者之间关系。我们发现，到目前为止，我们可以将深圳移民文化的变迁划分为三个阶段：初始阶段，即改革开放之初，深圳特区刚刚成立，各省移民开始逐渐来到深圳，深圳移民文化开始诞生；现代化阶段，即深圳在经济上开始步入快速发展阶段，逐步在全国确立了其排头兵的地位，在这个阶段，即工业化阶段，移民文化开始大范围地与香港和西方发达国家文化相接触，尤其是与新自由主义社会思潮发生碰撞，其自身产生了流变；第三阶段为当下的后现代消费社会阶段。在这一阶段，深圳由于发展程度较高，开始部分地步入后工业时期，在这一时期，移民文化受到了后现代思潮的影响，有了消费文化的一些特征。虽然可以将深圳移民文化大体划分为以上三个阶段，但阶段之间并没有明确的界限，尤其是在时间上，由于不同阶段彼此交融，难以确定阶段转折的时间点。这里所谓的不同阶段，是从移民文化的性质上来判断的。下文将通过对移民文化不同阶段的考察，来探究乌托邦精神在深圳移民变迁中的作用。

（一）特区建设之初深圳移民文化中的乌托邦精神

在改革开放之初，人们对深圳未来发展充满期望，这是移民文化变迁的主要动力。在这一时期，人们对未来进行乌托邦想象的动力来源于多个方面，既有社会发展经济条件因素，也有国家政策的因素，同时也有心理层面的因素。

首先，我们来考察特区移民对改变生活现状的渴望——摆脱贫困面貌，摆脱物资短缺这一现实的乌托邦动力。因此在这一时期，乌托邦精神出现的基础是“文化大革命”浩劫之后人民生活水平较低的现实，这是最初一代人移民深圳的主要动因。这种状况反映在当时的一些影视剧中。在导演张良的电影《特区打工妹》中，展示了深圳新移民为改变传统的、贫困的生活环境，最终扎根深圳的故事。对观众而言，农家打工妹在影片中所展示的未来生活的不确定性形成了主要的审美缘由。打工妹们在去往深圳的火车上所表现的离开家乡的伤感情绪与特区的现代化面貌相遇时，影片的基调发生陡然转折。到了工厂后，“一年穷，二年富，三年衣锦还乡”的乌托邦信念是打工者的最初拼搏动力。这种对深圳生活的乌托邦想象吸引人们来到深圳，通过自己的拼搏以及大环境的不断变革最终使特区和自身都完成了蜕变。

其次，人们乌托邦愿望的实现既是自身努力的结果，也与国家政策的转变息息相关。改革开放为人们实现自己的理想带来了信心。譬如，在20世纪50年代，为了缓解物资紧张，解决人民的温饱问题，国家出台粮食计划供应政策。1955年8月25日，国务院通过《市粮食定量供应凭证印制暂行办法》，从此中国经历了38年之久的“票证经济”，人们的吃、穿、行都依靠票证，产品供应限量。在20世纪50年代末的困难时期，一些大城市为市民发放的票证多达30多种。票证经济严格控制着人们的消费欲望。20世纪80年代中期，深圳特区政府首先对票证经济进行改革，取消了甚至比人民币还昂贵的“第二货币”——票证，最终解决了“粮票经济”所带来的种种问题，发挥了价值规律的作用，提高了职工的收入。自此之后，“深圳不用粮票”成为市民介绍、宣传深圳的名片。通过改革，深圳市民开始不断体会到市场经济所带来的物质资料的丰富，充分享受在市场中自由购物给生活带来的便利。[3]另外，在改革开放之初，深圳曾经陷入了“姓资”还是“姓社”的争论中，但在邓小平深圳考察中肯定了特区成就之后，人们对于深圳的信心倍增。资料显示，1984年邓小平南方谈话后，每天进入深圳的人口从3.52万人次猛增到13.6万人次，很多人来了就不走了。[4]

最后，深圳移民在对未来的乌托邦想象还与对未来不确定性的幸福感的断定相关。由于移民落地深圳所面临的其他文化、生活方式的冲击，从差异中找到了乌托邦式的期待，从中得到认同，体验源自不确定的、神秘的美感。以语言为例，移民来深圳面临粤语的冲击，在频繁的、多渠道的接触过程中，逐步产生对粤语的好奇和接纳。不同的粤语接纳渠道，譬如日常交往中讲粤语的人群，以粤语为主的电视频道的传播，都会从心理层面不断影响移民对新文化的认同。在此过程中还伴随着身份的重新确认，实现了新文化的自觉。在饮食方面，深圳移民首先要面对广东口味饮食的影响。作为日常生活的重要内容，饮食的变化是家园意识与开拓精神互相矛盾的冲突点。但正因为深圳地处岭南文化圈，对移民来讲，岭南文化作为异质文化的神秘性和不确定性往往能带来新的体验。

（二）时代的门槛——转轨时代深圳移民文化乌托邦性的基本样态

在深圳进入快速发展的轨道，取得举世瞩目发展成就的过程中，深圳的移民文化也受到影响和冲击。在这一时期，深圳的移民文化开始由一元变为多元。移民文化转变的动力由第一阶段的摆脱贫困转变为对于成功的渴望，这也是此阶段乌托邦精神的主要内容。成功的观念不论是在物质上还是在精神上，对深圳移民的激励变得尤为重要。深圳人对物质利益、新知识、新价值观念的追求，以及对时尚、流行文化的追逐体现了移民文化的多元化。这种多元既有共时性也有历时性的内容。从共时性的角度说，不同地区的文化在深圳不断交融，譬如源自中国内地南北方的、广东省内外的、中国港台的、欧美的文化之间的互通。这些交流促进了不同文化对于成功、时尚等内容不同理解方式的相互融通，从而产生出新的、具有深圳特色的文化内容，而这种文化内容是带有乌托邦性质的。比如，源自欧美的、中国港台的强势文化不断地冲击来自内地不同地区移民的文化追求。在这种情况下，时尚的、不断更新的流行文化，更为奇异和先进的价值观对深圳移民产生影响，从而产生出不断促进深圳人勤劳奋进的乌托邦精神。同时，内地不同省份移民由于文化、风俗和习惯的不同，会彼此相互交流借鉴。不同地区移民往往通过其从故乡所带来的技艺从事不同行业，这促进了移民之间相互学习、相互促进的积极气氛。从历时性来讲，由于内地与深圳、深圳与港台、港台与欧美分别处在不同的发展阶段上，有的地区处于前现代化阶段，有的地区处于现代化的初始阶段，有的地区处于现代化的成熟阶段甚至后现代阶段。即使在同一地区也同时共存多种发展阶段。由于发展阶段有先后之别，先发展的地区和国家对后发展的国家和地区有着借鉴作用。深圳作为一个处于中间阶段的地区，对内地迁徙到深圳的移民来说，它是落后的中国老百姓走向世界文化、走向现代化、走向先进文化的“世界之窗”。深圳的这一地位使其具备了成为深圳移民所怀有的改变现有生活的乌托邦对象的条件。而事实上，深圳的旅游业、文化产业、电子通信产业都将深圳所处的地位作为制定自己发展目标、发展路径的指南。这种精神就是从深圳走向世界，从深圳感受、体验现代化的追梦精神。在文化上，深圳文化领域一度出现建立“深圳文化学派”、“创建现代文化名城”的口号。对于文化发展的渴求从一种潜在的暗流逐步走上前台，成为人们孜孜以求的目标。人们发现了深圳发展的主要问题——物质现代化与文化发展之间是不对等的。在物质上达到一定水平之后，人们开始关注自己的生活质量，开始注重从日常生活中寻找美，通过审美活动实现对时间和金钱的消费，从而令自己充实起来，通过文化品位的提升，找到文化上的自信。文化上的乌托邦精神的崛起成为这一时期深圳移民文化理想变迁的重要特征。

（三）新乌托邦目标的诞生：以后现代文化为底色的新时代移民文化转型

进入21世纪以后，随着大众传媒的日益发展，深圳特区的移民文化属性开始有了后现代主义的一些特征。这一阶段影响移民文化的乌托邦因素受到了后工业文化的影响。此时，在西方社会中，工业资本主义逐步进入了后工业时期，这一时期被法国学者鲍德里亚称为“消费社会”，因为这种社会有着浓郁的消费主义特点。人们在这一时期开始由对物质对象的消费转变为对符号的消费。消费社会的特点是资本逻辑全面掌控了人们的文化生活。同时，在许多西方马克思主义学者眼里，当代资本主义的文化由消费主义的大众文化消解了精英文化。作为市场经济逐步发达的深圳，其文化不免沾染上“消费主义”的若干习气。消费主义将深圳移民对未来美好生活的追求纳入了资本逻辑当中。在这种情况下，传统意义上的对实体的消费已经转化为对物质财富的符号性消费。在这种情况下，来自不同地区的中国内地移民在传统文化上的旧有积淀就显示出了其突出的作用。一些内地移民虽然经历了文化之间的融合、经历了物质生活的巨大变迁，但在文化生活上仍部分地保留着其固有的传统，包括文化习俗、生活习惯、道德伦理规范和审美习惯。在这种情况下，以政府主导的文化发展运动很大程度上面向了传统文化的保存和继承。深圳市突出发展人文精神，鼓励人们提高人文素养，让人们的精神日益丰富起来。这种努力从本质上是一种文化自觉的表现，是精神生活领域里的革命。在这一阶段，移民文化的传统素养在新的时代需求下不断被激活，从而具备了回归传统的乌托邦精神。在此过程中，乌托邦精神的演变是值得进一步探究的。

可见，在这一时期，不论从共时性角度还是从历时性角度讲，深圳从时间和空间两个维度都成为移民实现自己现代化乌托邦梦想的目标。深圳作为移民追求物质利益、改变自身命运的城市，难免就此被判定为深圳移民文化具有浓郁的务实、现实主义的色彩。深圳作为一个发展迅速，市民物质生活不断进步，生活质量不断提高的城市，似乎在物质生活中逐步物化，迷失了自我。但当我们将深圳的发展作为一个历时性和共时性的体系来理解时，就不难发现，理想主义在深圳移民文化变迁中居于举足轻重的地位。正如美国梦为美国的发展注入了精神动力一样，深圳移民改善未来生活的信念也为其生活质量的全面提升奠定了精神基础。

二　乌托邦精神在深圳移民文化变迁中的功能

乌托邦精神在不同时期的不同内涵影响了深圳移民文化的变革，但不论在哪个阶段，这种影响均有一定的相通之处。或者从另一个角度来看，乌托邦精神为深圳的移民文化逐步注入了“特色”，这些特色在历史发展过程中最终又转化为自身发展的优势，成为深圳未来文化发展道路需要不断继承和发扬的深圳移民精神。

（一）确立了文化变迁中的和谐基调

文化与文化之间的相互冲突曾受到美国学者亨廷顿的鼓吹和夸张。文化冲突的确是不同文化遭遇之后经常遇到的主要问题之一。然而，在移民文化研究的实践中这种观点遭到了质疑。深圳新移民来自不同的地区，分属于不同的文化，这些文化囊括了中国内地的不同地区，譬如东北、西北、华北、华中、华东和华南地区的多种地域文化。除此之外通过大众传媒传播到深圳的中国港台地区的文化、欧美文化在深圳移民文化之间相互竞争、冲突，在人们的文化生活中产生了一些棘手的问题。

但共同的梦想会促进社会不同文化之间相互包容，最终走向和谐，因此，文化冲突在深圳移民中并不明显。相反，不同文化之间的相互包容、相互尊重成为深圳文化熔炉的基本特征。在这种情况下我们看到了乌托邦精神的突出特征，那就是由于共同的目标（尽管未来是不确定的，但正是不确定的未来让人们看到了现实改变的希望），让文化与文化之间彼此相互尊重，懂得携手并进。乌托邦精神的这种作用在以上三个阶段中都得到了体现。尽管每个阶段人们的乌托邦目标不同，但共识性的物质和文化追求制造了彼此和谐共进、相互依存的总体气氛。

（二）形成了独具深圳特色的文化变迁之路

由于存在共同的理想和目标，乌托邦精神这根红线将不同时期的文化变迁穿在了一起，让文化变迁的路径更加统一、持续和恒久。乌托邦精神塑造了不同阶段深圳移民文化变迁的创新型、开拓性和超前意识，这与其他的非移民地区依靠本土文化数百年甚至数千年积淀的文化有着明显的区别。当然，深圳移民文化的乌托邦特色是与其经济发展的速度及其在中国特色社会主义道路中的先锋地位是分不开的。市场经济的快速发展增强了人们改变生活质量的信心，对未来理想生活的追求始终是深圳移民文化中的核心。我们还看到，深圳移民文化中的理想主义目标与现代化也是分不开的。也就是说，“现代”是深圳乌托邦精神的主要特征。当然，“现代”的内涵在深圳不同的发展阶段有着不同的内涵。譬如，追求社会的全面进步、人的全面发展，人们的精神生活得到丰富，在这些方面，每个阶段的目标均有具有普遍适应性。这种对于现代的理解源于深圳移民文化所面临的广阔天地，那就是面向世界的文化视野。在这种视野的引领下，深圳人很容易感受到现代化的基本要义。当然，这种现代化的观念主要处于物质层面的或者依附于物质文化的精神层面。无疑，新自由主义的观念对于深圳的影响巨大。深圳移民在接受外来文化的过程中，不论是人生观、价值观还是审美标准、道德伦理观念都很大程度上打上了市场经济的烙印。在这种情况下，新的、具有深圳特色的文化发展路径得以形成。

深圳特区在20世纪80年代率先推行市场经济，引进外资，背负着走资本主义道路的沉重舆论压力。但未来的美好蓝图对深圳人的吸引力是巨大的，这种吸引力让深圳人有了“不入虎穴，焉得虎子”的勇气，勇闯经济体制改革的各种雷区，最终瓦解了改革开放以前国家高度集中的、僵化的经济体制，建立起以市场调节为主的经济。通过价格杠杆调动生产者和经营者的积极性，最终解决了商品供应不足的问题，建立了一个富有活力的新的经济体。可见，深圳移民逐步建立了敢闯敢拼的文化，这与对生活状态改善的乌托邦精神是分不开的。这种精神最终形成了新的移民精神，促进了深圳移民文化向的大整合。

（三）促进了深圳移民文化对新文化的积极接纳

乌托邦精神是一种“问题在于改变世界”的精神，其特征就在于开拓进取，自强不息，对未来抱有希望。乌托邦精神表现在现实当中就是人们坚持不懈地保有对新事物的获取和对文化的接纳态度。这种态度能够让新文化生根落地的阻力变小，而将对新文化的想象力变得无限广阔。在这种情况下，未来社会的想象对深圳移民文化的吸引力远远大于其他地区。在理想的鼓舞下，许多新的政策首先在深圳实行。在没有先例的情况下，深圳人凭借敢想敢干的开拓创新精神不断使自身得到发展。在接纳新文化的过程中，近在咫尺、现代化程度高的香港社会作为一个先进的样板自然不断影响和刺激深圳人对未来生活的乌托邦想象。以香港为师，对香港的文化、制度全方位的学习和借鉴，成为深圳发展的现实动因。

在这种情况下，中央和地方政府以深圳作为窗口推进改革开放，推进学习和借鉴发达资本主义的文明成果来发展中国特色社会主义事业。而深圳作为试验田聚集了全国的期望，因此别无选择地对外来优秀文化进行引进，吸收。在这一过程中，既有政府主导的接纳外来文化的各种活动，也有源自民间的，民众自发的吸收外来优秀文化的努力。这就使深圳不断焕发出青春和活力。总之，深圳这种对外来文化的接纳和吸收力是其他城市所少有的。

（四）促进了不同文化中保守主义因素的消除

深圳人在追求物质生活的基础上，逐步开始追寻精神生活。而现代乌托邦精神在本质上是主导精神生活最终走出工业社会的异化状态，实现自身的解放。深圳移民文化由追求富裕的物质生活而逐步转向精神生活的提升。但值得注意的是，新的精神生活与传统社会文化中的精神生活有着巨大的差异，这些差异包括：深圳移民文化中的商业气息较重，强调竞争意识，强调不断开拓进取，这与传统的文化有着本质的不同。因此深圳移民文化从根本上撼动了传统的、保守的文化根基，逐步认同新的、充满竞争的，以物质财富为基础的精神生活。另一方面，由于深圳文化变迁中缺乏主导性的文化，因此文化的包容性较强，较少出现对其他文化的排斥，不仅如此，在接触的过程中彼此相互融合，最终形成了多元的、宽松的社会文化环境，这就导致了移民旧有的保守文化逐步消失，最终接纳新的具有深圳特色的包容性文化。在这个过程中，文化保守力量的消失并没有给移民的文化心理带来过多挣扎和阵痛，原因就在于未来的生活理想已经为现实注入了和谐和宽容的活力。在追求现代化的、积极的、现实的生活方式的过程中，他们体验了生活的现实性，体验了脚踏实地的生活，从而抛弃了无知和虚妄的旧的观念，融入现代化的文化中来。

（作者信息：杨晗旭，深圳大学社会科学学院教师、博士）

注 释

[1]［德］卡尔·曼海姆：《意识形态与乌托邦》，周纪荣、李书崇译，商务印书馆2000年版，第196、268页。

[2] Bic Ngo, "Beyond 'Culture Clash' Understandings of Immigrant Experiences", *Theory Into Practice*, Vol. 47, Iss. 1, 2008, pp. 4 – 13.

[3] 董建中主编：《深圳经济变革大事》，海天出版社2008年版，第82页。

[4] 徐明天：《春天的故事》，中信出版社2008年版，第97页。

“风水之说”与“迁徙的传统”
——闽粤赣客家地区二次葬习俗的文化解读

客家文化作为华南地区的地域文化的重要组成部分，保留了极具历史韵味和传说成分的原生态文化，其中文化习俗方面保留着特别多的传说成分，这些传说也成为客家乡村社会老百姓最为津津乐道的“客家文化”而代代相传。重视文本研究传统的历史学者在对这些传说进行研究分析时常常会觉得无所适从，因为如果将这些传说与地方历史文献进行比对分析，常常会发现互相矛盾之处。因此如何去诠释客家地区的传说故事便成为历史学者的困惑——假定这些传说是不真实的，那么这些传说故事的文化意义何在？

“如果说我们现在还能够做一些什么的话，显然不是对这些祖先移居传说进行史实性的探索，而是要说明支撑着作为社会性事实的这类传说的形成、普及和再生产过程的华南居民的意识结构。”[1]日本文化人类学家濑川昌久对客家族谱中记载的客家人迁徙的传说的这段精辟的论述无疑为我们开启了一扇解读客家地区民俗传说的文化意义的大门。本文选取客家地区的二次葬习俗的民间传说进行分析，力求从历史人类学的视角来解读客家地区二次葬习俗的传说对于客家人的认同的文化意义，以期丰富我们对客家民俗文化的理解和认识。

一　客家二次葬概述

二次葬，为我国南方许多民族的丧葬习俗。一般为初葬若干年后，再通过正式仪式打开棺木将尸骨取出重新安葬。考古发现，早在仰韶文化时期就有二次葬习俗。其原因有二，一是古人认为人之血肉属于阳世，必须待其腐朽之后再作正式埋葬，死者灵魂才能脱离尸身进入阴间；二是为实行氏族或家族合葬的需要。

闽粤赣客家地区客家人一般会在人死后的三至五年时进行二次葬，一般会选定农历八月初一这天进行，俗语“八月初一墓门开”。开棺前必须烧纸钱和香，同时，在坟墓的一旁需按人的形状铺好草纸，如果有阳光的话，还需要撑伞，这是为了保护逝者的魂魄不受阳光的照射，避免逝者的魂魄遭受阳光的破坏。开棺和捡骨（客家人一般称为“捡金”）是由专门的人进行的，这类人被乡人称为“改死老”。骨头按从头部到脚部捡起，首先按从头到脚的顺序把骨头放在事先铺好的草纸上，然后再用白酒（各地可能略有不同）洗净，然后，按从脚到头的顺序把骨头放进一个长方形宽口的陶瓮（客家人称为金罂、金埕）中，使逝者的骨架呈坐姿，金罂内应该写上逝者的姓名，另外，有一点很重要，那就是金罂要标注前后，要避免再次安葬时将逝者的面部背着墓碑。旧墓是不能重新覆土填平的，须让其顺其自然地变化。在选定的风水宝地重新安葬，一时未找到穴地的，则把金罂暂时放在村落的山崖下或村边的竹林等空旷之地，待找到穴地，再次安葬，最后，做坟落葬。

二　明清客家地区地方文献中二次葬习俗的文化表述

明清闽粤赣客家地区的方志中留下了大量的二次葬习俗的记载，几乎现在认定的每一个客家县市都存在这种丧葬习俗。兹代表性地列举如下。

（同治）《赣州府志》卷七十三《艺文志》《改葬论》：“今闻定邑，始葬者不必择地，五六年或七八年后，乃发圹启棺，检骸骨贮之于罐中而改葬焉，名曰‘金罐’。”同书在论述这一习俗产生的原因为“或曰风气既久，阴阳祸福之说因之。此地改葬者往往致福，不然将有患。”

顾炎武《天下郡国利病书》卷一百《广东四》，明代粤北之人“死3日则权厝之中土，3年后取遗骸为坟葬之”。同一篇文字又说，清代兴梅客家地区，“俗父母葬10年皆议改葬。改葬者以罂易棺，捡骨而置之”。

清人张新泰《粤游小志》载：（嘉应州一带）“粤俗惑于风水……乃有既葬后，或十年或十余年复出诸土，破棺捡骨，谓之洗金。”台湾客家人的二次葬甚至被称为“捡风水”，在梅县丙村二次葬也被称为“做风水”。

（乾隆）《嘉应州志》《舆地部·风俗》：“葬惑于风水之说。有数十年不葬者，葬数年必启视，洗骸，贮以瓦罐，至数百年远祖，犹为洗视。或屡经起迁，遗骸残蚀，止余数片，仍转徙不已。甚且听信堪舆，营谋吉穴。俗之愚陋，莫丧葬为甚。”

（乾隆）《镇平县志》卷二《赋役志·风俗》：“丧葬……十年以外剖视骨殖或黑或黄，试净以甕罂贮之，其色黄而润泽者，葬诸故穴，色黑而污朽者，则兆迁葬；棺内或为泥水树叶所积，皆有第土高下燥湿风水不宜所致。又有本为佳城，而房分或爽者，亦迁葬别地。但无分骸各葬之事耳。其或葬棺十年而肉不朽腐者，谓之养尸地，以为不吉，则以甕罂盛骨。自足至顶，不少紊乱而迁葬焉。此列子所以致比于义渠而固习之难回者矣。”

（咸丰）《长乐县志》：“葬后数年有因不利而改者，易以瓦罐。棺葬谓之重葬，瓦罐谓之轻葬。”

（嘉靖）《惠州府志》记载：“长乐、和平滋不忍弃亲于土之说，有停柩期年、三年而后葬者，或葬不数年，惑于风水，启土易棺，火化而改葬者。”再如兴宁：“纳骨于瓦瓶，名曰金瓶，迁葬而之他……亦惑于地师，数数易……”

《石窟一徵》记述曰：“俗父母葬10年皆议改葬。改葬者以罂易棺。捡骸而置之罂，亦有虞失瓦棺之义也。捡骸曰捡金，故罂曰金罂。改葬者启其殡，见土色佣而燥，骨无朽，则仍葬故处。如土色黑而湿，骨将朽，则迁吉地。”

（同治）《大埔县志》卷十一《风俗》：“前志云溺于亲鸟及阴阳家宜忌之说，停丧多年，此潮属通弊，埔尚未甚。惟葬后轻于迁改，以罐易棺，头足倒置不恤。以至假穴占山，冒坟盗葬数繁案牍，此则习尚之最坏者耳。”

从上述大量明清闽粤赣客家地区的方志中对二次葬习俗的描述，我们不难发现客家地区二次葬习俗的产生都是缘于客家人的风水观念：客家人认为客家子孙的祸福全赖祖先的坟墓风水，如果祖先在阴世“生活”得舒适，即祖先的坟墓风水好，则能够为后世子孙带来福祉；反之，则招致祸害。而衡量祖先在阴世“生活”舒适与否的根据则是葬后数年尸骨的色泽，即“其色黄而润泽者，葬诸故穴，色黑而污朽者，则兆迁葬”。正是因为客家人对祖先坟墓风水的重视，才导致了客家地区二次葬习俗的形成。

三　乡村传说中的二次葬习俗的文化表述

汉民族是极重“根”的民族，客家文化作为中国传统文化的“活化石”，原生态地保存了儒家文化的精髓，特别重视祖先崇拜。客家人遵循“事死如事生”，以及“丢什么都不能丢祖先”的人生信条。这种礼制一直延续几千年。在客家乡村作田野考察时，调查客家村落的开基历史时，我们都可以找到一个相同版本的传说故事。故事的大致模式为：作为一个“迁移”的族群，客家人在迁移的过程中，清晰地认识到此一去不知何日是归期，为了能与祖先永远在一起，为了便于日后的祭祀，一般都是由家族中的长子或其他男子掘开祖先的坟墓，拾起残留的骸骨装在准备随身携带的陶罐里，担挑肩背而行，并且在定居的前一晚，祖先总是会托梦于迁徙者——迁移过程中挑着祖先骸骨的箩筐的绳索断裂的地方，便是家族定居之所。

在漫长而遥遥无期的艰苦跋涉中，客家先民披荆斩棘、风餐露宿，尽管团结奋斗、自强不息，仍不可避免地会有老弱病残者倒毙于迁徙途中。对于无家可归的南迁之民来说，迁徙的特点导致生者无安定之所，死者亦无葬身之地，于是第一次埋葬草率而匆忙，这在他们看来是对祖先的极度不尊重。所以，等到安定下来之后再寻找途中亲人的骸骨，带到新居地进行隆重的二次葬。

广东梅县白宫镇乡民在记载自己家乡的民俗时记载：“九葬九迁，十葬万年。我想，大概是因为客家人崇拜祖先的风气很盛，再加上不断的迁徙，才有了这样的说法。为了不失去祖上的庇护，索性带上祖先的骸骨一同迁徙，一旦找到了安居之地，再重新安葬。于是洗骨迁葬，便成了客家人独有的风俗。二次葬恐怕就是这种风俗的延续。”

林清水在描述蕉岭县林姓开基传说时说道[2]：“明代永乐年间，七世祖林隐叟携带其父六世桂英公的骸骨，从大埔坐船溯韩江而上，沿梅江经过松口、丙村转石窟河，经过白渡到蕉岭新埔上南山，传说隐叟公登岸后挑着先父桂英骸骨沿山麓西行，隐叟公挑着桂英公骸骨的箩绳突然断了。隐叟公认为这是祖宗显灵，于是在此定居，开基创业。”

杨彦杰在调查福建客家地区蓝姓的历史源流时引用当地《蓝姓族谱》中《历代迁居始末记》讲到蓝姓入闽以后的情况时说：“元泰定三年丙寅一百二十六世祖河二郎公父子，携父熙三郎公夫妻金骸，迁于长汀城下里坪岭水口。”[3]

成书于20世纪70年代的由梅县人丘秀强、丘尚尧在台湾主持编修的《梅州文献汇编》丛书十二集，其中留下了大量客家人对于客家文化的回忆性文章。如汇编第二集中有一篇题为《客家人的美德》的电台采访，被采访者梅县人曾举直[4]在谈到客家人的二次葬用的金罂时说：“这种盛装骨骸的骨罐，在我的印象里面，的确是客家地区才有，跟你们刚才所说的一样，是有历史性的传统做法，这也就是因为过去连年逃避异族祸乱，方便将先人骸骨背在背上一同搬运，因此才做成这种长型的瓦罐……”[5]

类似上面的开基故事在客家地区比比皆是，不一而足。

从客家地区的每一个乡村聚落的形成历史传说中，可以发现闽、粤、赣客家地区乡村开基与聚落的形成，都是祖先为后人生存与发展的抉择，而正是在迁移与定居的不断变换中，形成了客家人独有的二次葬习俗。

四 二次葬习俗产生原因变迁的文化解读

从客家地区的文献与田野材料来分析客家地区二次葬习俗产生的原因，可以发现可以归纳成两点：“葬惑于风水之说”与“迁徙的传统”。

然而，上述两点原因的产生却是明清以来历史发展的脉络中不断叠加的产物。并非一般认为是两种因素综合的结果。成书于战国时期的《墨子》卷6《节葬·下篇》曾指出：“楚之南有炎人国，其亲戚死，朽其肉而弃之，然后埋其骨，乃成为孝子。”这是关于二次捡骨葬的一条最早记载。本来为“孝道”行为的楚俗，在儒家文化高度发达的明清时代，无疑成为不孝的行为而为文人雅士所批判，认为是与儒家文化的“孝道”精神相违背的。于是从“珍护遗骸”之义衍生为“风水堪舆”之举，正如前举大量明清方志所述。关于这一点，温仲和在光绪《嘉应州志》卷八《礼俗》中做了大量翔实的论述：“葬惑于风水之说。有数十年不葬者，葬数年必启视，洗骸，贮以瓦罐，至数百年远祖，犹为洗视。或屡经起迁，遗骸残蚀，止余数片，仍转徙不已。甚且听信堪舆，营谋吉穴。……其初意原为珍护遗骸之义也，非全为祸福起见也。而其流弊则至于家有疾病或不如意，归咎于地址不吉，又复起骸。一时不得吉地而寄于田圹崖穴之间，愚民易惑犯大不孝之罪。此而谓为蛮夷之陋俗固也。然藏之义谓欲人之弗得见也。为不葬者言之也。郑所南翁谓凡子孙坚欲上穴为安厝计有数十年求之不得者，非唯死者不能妥其阴魄，而生者空劳心费财，有累养生送死。正礼强留死者未得入土骸骨，却为自己他时富贵之谋，岂孝子顺孙之用心哉。”

有趣的是，温著又云：“按盛骸于罂不知作于何时，疑当日多从他处迁居，负其亲骸来此相宅，遂以罂盛而葬之。嗣又以流移转徙之不常，恐去而之他，故相传为检骸之法，以便携带欤，乃尔宅尔田已安居乐业，于数百年之久，犹不能变此陋俗，抑又何也。此七权又非官长之所能禁，而在知礼之士大夫有以变质矣。”[6]显然，按语又将二次葬产生的原因归结为客家人迁徙的习性。（民国）闽西《上杭县志》卷21载：“又有改葬之陋俗，亡12年后棺朽而肉化，以罂易棺，捡骸而置其中，曰骸金罂，曰金罂迁，转徙不定，取先骸而珍藏之，便于携带。”于是“负骸相宅”成为清末民国以来客家地区对二次葬习俗的解读，从而演变成为客家乡村社会流行的二次葬知识。

可以认为，从“风水之惑”到“负骸相宅”的二次葬习俗的解读正是清末民初粤东客家意识兴起的社会产物。

清中期乾（隆）嘉（庆）朝以来，以梅州为中心的粤东客家地区人口高速增长，人地矛盾导致的生存压力促使粤东客家人开始向外迁移发展。在向周边特别是广府地区的迁移过程中，生存资源的竞争，文化的冲突，作为外来族群的客家人为其他族群所诟病，被视为“野蛮的民族”、“不开化的民族”，关于这一点，可以参阅《民国时期梅县地方文献中关于“客家”的论述》。[7]在这种时代背景下，客家人为证明自己中原正统的身份，竭力通过迁移的“史实”来证明自己中原汉人的血统，于是就从渊源、民俗等诸方面来为自己作证。

比如传统客家的酿豆腐，客家地区普遍认为源于习惯在北方吃饺子的客家人，来到南方山区，苦于南方客家居住地不产小麦，无法制作饺子，因思念故乡的饺子而采取的一种变通的饮食。而事实上有史以来客家地区都种植小麦。（同治）《大埔县志》卷十八《艺文下》《立冬后十日咏大埔风土二首》：“农收晚稻总输税，陇亩旋催种麦忙。”（光绪）《嘉应州志》卷六《物产》亦载：“麦，有大麦、小麦，另有百日麦。按《岭表录异》：地热种麦，则苗而不实，故唐时岭外尚不宜麦，今则不然矣。晚稻既获即种麦，割麦之期于二月，割麦后即莳早稻，于青黄不接之顷得此而民不乏食。《尔雅翼所》谓继绝续乏之谷也。然瘠土之区岁收一麦二谷。地方尽矣。又相传环城四五十里之麦皆白日开花，故其味佳。北人谓性味与北麦无异，性质稍肥，作拉面易断，以炸油条较广。”因此这种解释无疑是要用迁移的故事来强化客家人的北方血统。再如中秋吃月饼的来历。中秋晚上，汉民族风俗有烙“团圆”的习俗，即烙一种象征团圆、类似月饼的小饼子，饼内包糖、芝麻、桂花和蔬菜等，外压月亮、桂树、兔子等图案。祭月之后，由家中长者将饼按人数分切成块，每人一块，如有人不在家即为其留下一块，表示合家团圆。而在客家地区对于中秋吃月饼的来历却有独特的解释。客家地区民间有这样一个传说：南宋时，北方一些汉人不满金人入侵中原，准备组织反抗，但是金人控制很严，为了传递消息，统一行动，就把写有“八月十五杀鞑子（指金兵）”的字条藏在月饼中，用送月饼的方式联络群众。后来，八月十五成为一个民间的纪念日，无论南方、北方，都继承了八月十五互送月饼的传统。显然客家地区吃月饼的习俗，强调的不是团圆的象征，而是为了传递信息反抗异族“高压统治”的需要。

清末民初随着客家意识的兴起，罗香林、温仲和等一批客家知识分子参与到客家文化的建构和解读中来，特别是1933年代罗香林《客家研究导论》的问世，第一次系统深入地对客家文化、客家人进行了“客观地”界定，作为“中原汉人南迁的产物”的客家文化，一切都打上了“迁移”的标签，在客家地区时间悠久、分布广泛的二次葬习俗也不例外，正如罗香林先生在《客家研究导论》中所说：“客家先民为寻求新的地方安居而一迁再迁至屡迁者，祖先葬地与子孙祸福有关，为了适应迁徙活动将先人‘遗骸盛于罂’背到新居地安葬。”在这些话语权的支配下以及客家地区文人学者的不断推广普及的过程中，客家乡村社会的民众不断受到“浸染”，将其自然而然地吸收成自身的“地方性知识”，从而形成今天客家乡村社会对二次葬这一习俗的流行话语。

（作者信息：宋德剑，广东嘉应学院客家研究院副院长、副研究员，
中国客家学专业委员会副主任委员）

注 释

［1］［日］濑川昌久：《族谱：华南汉族的宗教·风水·移居》，钱杭译，上海书店出版社 2000 年版，第 231 页。

［2］林清水：《粤东蕉岭县新埔镇上南村民俗调查》，海外华人研究社、法国远东学院 1996 年版，第 64 页。

［3］杨彦杰：《闽西客家地区的畲族：以上杭官庄蓝姓为例》，海外华人研究社、法国远东学院 1996 年版，第 191 页。

［4］曾举直（1894—1981），国民党陆军少将。广东梅州市梅江区城北曾龙岌人。早年毕业于云南陆军讲武堂。后在粤军中任职。1931 年后，历任国民党第一集团军独立第一师参谋长、第四战区高级参谋、百色警备司令等。1949 年赴香港，后赴台湾。1981 年 2 月在台湾病逝。

［5］丘秀强、丘尚尧：《梅州文献汇编》第 2 集，梅州文献社 1976 年版，第 8 页。

［6］光绪《嘉应州志》卷 8《礼俗》。

［7］夏远鸣：《民国时期梅县地方文献中关于“客家”的论述》，《第三届客家文化高级论坛：客家文化与文化产业发展论坛论文汇编》，2012 年 9 月。

深圳高房价与高学历新移民的困境

一　问题的提出与意义

本文考察的对象是“在深圳高学历新移民”，所指的是拥有本科及以上学历（不包含国外留学“海归”）、来自外地，且在深圳长期工作居住的新移民群体，而是否拥有本地户籍并不作为划分的依据。研究的背景是在日益冲高的房价下，深圳高学历新移民的生活与工作的困境，以及他们的选择难题。现实中“白领退出大都市”、“大学毕业生选择中小城市”频频见诸媒体报道和网络讨论。事实上，“白领”与大学生“蜗居”和“退出”大都市这两个命题隐藏着一个看似矛盾的问题：如果这些群体可以有离开大都市的选择，那么“蜗居”和“蚁族”何以成为一个问题？对所谓“蜗居”和“蚁族”群体的困境现状的研究分析，直指都市居住制度和房产市场的种种弊端，却忽略了对这些高学历新移民个体与大都市生活之间关系的分析。也就是：这些新移民为何进入大都市；在生活与职业层面上如何与所处的大都市发生关系；何以在高房价、高租金的压力下，大部分人选择继续留在大都市？在此我认为，要对以上所有这些问题进行解答，必须将这个群体还原为“人”，分析都市中高学历移民的求职、工作以及定居的历程。

高学历新移民进入大都市的空间流动过程，同时也是他们实现个体代际流动的过程，教育与代际上升流动的关系研究，一直是教育社会学的重要研究课题；而另一方面，所谓“蚁族”和“蜗居”之类的高学历白领群体问题，从一开始就与都市住房准入体制的大背景密不可分，这些问题所涉及的，正是都市住房体制为何不能接纳这些高学历白领群体这样一个城市社会学的命题。

二　初入深圳的居住选择的策略与特点

住房是都市中定居的最具象征意义的标志，是特殊的社会意义的消费品。托巴洛夫（Topalov）认为：住房作为消费品之所以特殊，这是因住房所依附的土地无法再生、住房和居民收入不成比例，以及房产相对较不自由的市场流动的特点所致。[1]居住的选择是任何在城市中生活的居民都不可回避的首要问题。“蚁族”和“蜗居”之所以会成为社会讨论的焦点，从最直接的原因上说，是当前中国大都市中住房价格与居民收入不成正比的结果。在居住选择的问题上，高学历新移民与进城务工的农民工、本地居民之间有着较大的差异。这种差异体现了高学历新移民群体的社会属性。

新移民群体只有选择“租房”或“购房”，从“租房”到“购房”的跨越，是任何移民在都市空间中从流动转向定居的质变。对高学历移民而言也是这个过程。因此本文考察的重点在于新移民如何选择租房（行为），以及他们在深圳的购房意识与行为是基于什么样的考虑，但更关注那些尚未在都市空间中拥有自己住房而定居下来的行为。

深圳本地市民（本市户籍拥有者）获取住房的方式有三种：公共配给的住房、商品房，以及经济适用房等三种形式。移民则被排斥在公共住房和保障性住房之外，移民只有租借住房和雇用单位提供的宿舍。[2]深圳一般外来务工者，不论是在市区从事餐饮、家政等消费服务行业，还是在近郊工厂从事工业生产，“包吃包住”是招工过程中出现频率非常高的待遇。

相对于一般外来务工的体力务工者而言，高学历新移民的居住更多依靠的是较为个体化的解决方案。高学历新移民具备高等教育和技术优势，拥有较高收入和较高的生活质量要求。因此，深圳的高学历新移民主要工作地在市区，他们未必愿意选择城中村那些廉价而嘈杂的住房。还有，随着深圳轨道交通的发展，“特区”边界的日益模糊和关外房地产的大规模开发，使宿舍楼、员工楼也渐渐退出关外从事技术类工作高技术移民群体的主要居住模式。

高等教育并非仅仅是传授知识技术的过程，同时也重构了个体的社会关系网络。同乡在高学历移民的社会网络中已经边缘化，不像农民工那样依赖老乡与亲戚建立起来的社会网络，同学和校友成为社会网络的核心，甚至即使多个同学合租一套房，他们也将其视作大学生活的“热闹”的延续。因此，即使群租，他们也体现了与一般外来工的不同。高学历移民对次级关系网络的依赖，充分说明高等教育继续社会化的作用是分析高学历移民在都市中生活的重要维度。这也是高学历新移民与普通外来务工者在都市社会生活中的重要差别之一。另一方面，这种次级关系，某种程度上是大学时代人际关系的延续。虽然在研究中发现许多高学历新移民的住房条件并不尽如人意，甚至非常差，但如果是与自己信任的同学合租，对居住的满意程度就会高很多。另外，不能忽视的是，经历过大学生活的高学历新移民，都有过集体宿舍的居住经历和记忆，对租住房屋的条件的判断往往会与毕业前的宿舍相比。这也就解释了常见的现象：几名同学可以合租一个小套间其乐融融，而一个人独租一间却会嫌弃房屋质量，其实社会学中的概念就是典型的对次级关系的依赖，现实中表现为合租。

合租其实就是彼此相识的多人共同租借一套房的行为，而高学历移民的合租则体现了独有的群体特点。合租的好处在于房客之间有互相选择的余地。合租的行为过程中，不仅房租被分摊了，房客之间在租赁行为确定之前就必须建立起相互的信任。

租房本身是一种充满流动性的租住形式，为了能在充满不确定的租房行为中获得确定性，和同学、同事合租被认为是初入深圳的非常稳妥的策略。

综上所述，初入深圳的高学历移民租房的特点：

第一，对房租的要求价格适中，介意居住环境的基本标准。

第二，居住选择受工作地点影响大，换工作导致换住所。反映了居住选择受到职业选择的影响。“居住”是依附于“工作”的次要因素。

第三，倾向于与同学、同事合租以获得居住的安全感，这一点与农民工对同乡的依赖极其相似。

但是，租房作为一种具有很强不确定性的居住选择模式，被新移民视为临时性的策略。公共和集体租赁房这类稳定房源的稀缺，使得新移民为了在都市中“固定”下来，不得不考虑购置产权房的可能性。

三　从租房到买房的需求逻辑与困境

拥有一套本地住房产权何以成为理所当然扎根深圳的基本途径？在购房问题上，其实新移民和本地居民面临着类似的困难。然而，新移民的购房行为，是其最终实现在深圳扎根的重要一步。虽然在任何城市，租房总是移民住房的最主要解决方式，但在中国的大都市中，购房却成了年轻人在都市中定居的最大障碍。

购房的本质是个人在都市中占据“合法”空间，并获得一种“合法”的身份的前提。在购房决策过程中，家庭、婚姻的因素占据了非常重要的地位。家庭在购房选择中的决策作用，体现在整个家庭对个体购房的倾力支持。如果将在都市中购房定居视为新移民社会流动中重要一环，就会发现在都市中，购房的能力仍然受制于家庭的经济资本。缺乏家庭经济支持的个体，通过高等教育实现的社会流动，仍然是一种不稳定的上升流动。按照目前的房价，即使通过贷款购房，首付对于一般收入的白领仍然是一个很大的负担。如果不能通过自己的积蓄来实现首付，则可能需要借用家庭的经济力量。向父母借钱，或者父母赞助购房是一个非常灵活的手段。即使购房的钱是以“借款”的名义给出的，但最后仍然可能成为一种赠予的行为。尽管许多人认为“不希望使用父母的钱”，“他们养我这么大也不容易”，但同时也认同如果不借助父母的力量，几乎不可能在深圳购置房产。在此，新移民不仅个人作为城市的“人才资源”卷入深圳的产业发展，甚至他们的家庭经济资源也被用来为都市的城市开发买单。

既然在大都市中的居住生活是如此的不稳定，那么是否就可以认为，那些无法在大都市中购房定居的新移民，就可以选择回流到家乡，或者流向生活成本更低的城市呢？对于高学历移民来说，他们所受的高等教育，其实从某种程度上，已经重塑了他们的各项社会属性，使得他们未必能如愿向其他地方迁移。

高等教育并不简单的是一个接受教育的过程，同时也是一个社会化的过程，我国的高校几乎都位于主要城市之中，在高校学习的经历，同时也伴随着在城市居住的经历。对于一些在大城市，尤其是在深圳工作的高等教育新移民而言，大都市对他们的吸引力远远大于中小城市、城镇和农村，他们已经无法适应小城市的节奏和社会秩序。另外，大都市的生活节奏，生活压力虽然大于其他中小城市或农村，但许多人认为，年轻的时候，不应该安于现状。这其中，隐含着高学历移民对未来职业发展空间的想象和期待。

其实，生活节奏、环境都可以重新去适应，这些高学历移民倾向大都市的深层次原因，是与他们文凭所带来的职业机会密不可分的。而这些职业机会，是否与大都市之间存在着依附关系？我们在试图探索新移民居住问题，解答“蜗居”和“蚁族”式难题的时候，一个无法回避的问题是：为什么这些新移民期望在都市中扎根？上文所说的个人通过教育实现的“上升流动”，最后会落到哪里？而制度赋予这些新移民的“人才”身份，终究是加诸整个高学历群体身上的“光环”，而非个人所能获得的主体性身份。

对于高校毕业生来说，他们的学历带来的，不仅是从事白领职业的资质，同时，对许多人来说，也是进入大都市的一条有效途径。高学历新移民进入深圳，往往被深圳的职业机会和社会、人文环境所吸引而来。

对于很多人来说，虽然深圳的职业机会是决定他们去留的重要因素，但除此之外，无法回流到家乡却也是许多新移民面临的问题。尽管他们对深圳的高生活压力不满，包括都市生活的快节奏、收入和支出不成正比、环境差，等等；在深圳生活的高压也使得他们时常向往家乡轻松悠闲的生活，他们的父母也不忍子女在外漂泊受苦。但事实上，即使在深圳生活压力再大，“无法离开深圳”也困扰着许多新移民。对于一些从事理工类和某些服务性行业的人而言，类似深圳这样的大都市不仅仅是一个充满就业机会的城市，而根本就是他们唯一的就业选择。尤其对于一些小城市、县城，甚至农村出来的新移民而言，从就业和个人发展的角度考虑，他们在大学中所学的知识技能和在都市中积累的工作经验，一旦回到家乡便无用武之地，或者无法实现与在深圳工作等同的价值。

在新移民青年的城市融合中，住房是人类最基本的生存条件之一。马克思、恩格斯在《德意志意识形态》中指出：“我们首先应该确立人类生存的第一个前提，也就是一切历史的第一个前提，这个前提就是人为了创造历史，必须能够生活，但是为了生活，首先需要衣食住行以及其他东西。”杜甫亦有“安得广厦千万间，大庇天下寒士俱欢颜”的慨叹，而房价的居高不下，让不少人只能望房兴叹。房租的相对高昂，让城市生活的成本大大增加。白领阶层的月收入都难买到城市房子中的一个平方。高等教育的新移民青年在融入城市过程中，高房价门槛的排斥是一道不可轻易逾越的屏障。

结　语

大都市生活对这些高学历新移民而言，是一种“低社会成本，高经济成本”的生活选择。目前深圳这样的大都市中房价高涨、公租房缺失等因素一起将中下层白领移民排斥在稳定的都市生活之外，而家乡依靠不透明私人关系建立起来的职业系统，也同时使这些新移民被他们自己的家乡所排斥。通过“机会平等”的高等教育实现的社会流动，从某种意义上说，是一种单向的，农村、小城镇向大都市的流动。这些新移民，经历了十数年的寒窗苦读，被单一地塑造成了为“大都市”添砖加瓦的劳动力和“人才资源”。但即使他们在“大都市”产业系统中找到职业，以房价为核心的高额生活成本却成了他们社会流动过程中无法解决的矛盾。正是因此，“蚁族”和“蜗居”才可能在今天成为一个公众话题。其背后所反映的是高学历新移民与“都市人”双重身份之间的矛盾。

（作者信息：刘椿，深圳大学社会科学学院副教授、博士；
袁冰，深圳大学社会科学学院硕士研究生）

注　释

［1］［法］伊夫·格拉夫梅耶尔：《城市社会学》，徐伟民译，天津人民出版社2005年版，第45—47页。

［2］Min Zhou and Guoxuan Cai, *Trapped in Neglected Corners of a Booming Metropolis: Residential Patterns and Marginalization of Migrant Workers in Guangzhou*, John R. Logan. ed. (2008), Urban China in Transition, Blackwell Publishing, pp. 226 – 246.

高考移民问题探究及治理对策研究

一　高考移民现象产生的原因

（一）各地高考分数线标准不一，较易向低分数线地区倾斜

教育平等权是每个公民应享有的合法权利，在《世界人权宣言》第26条中有受教育权的规定：“人人都有受教育的权利……初级教育应属义务性质。高等教育应根据成绩对一切人平等开放。”而《经济、社会、文化权利国际公约》第13条第2款第3项规定：“高等教育应根据成绩，以一切适当方法，对一切人平等开放。”但是由于国情不同，各个省份地区教育条件、水平差异，使得国家在保证每个公民享有平等的受教育权的同时注重地区差异，对于一些经济、教育比较落后的省份地区给予相应的优惠录取条件。例如2010年北京大学在江西省理科平均录取分数是644分，而在上海市仅为544分。我们暂且不讨论考卷的难度差异及录取指标，事实却是在同一个班来自两个地方的考生分数相差了100分。在西藏，2009年的重点本科分数线文史类是290分（少数民族）和450分（汉族），比其他所有地区的第三批次本科还要低。很多考生认为，移民到低分区是一种自我保护，是一种对国家政策不满的私力救济。实际上，分数线的省际性区分是出现高考移民的根本原因，只要有分数更低的地区，就会有考生移民过去高考。因此高考分数线的省际差异是高考移民现象产生的重要原因。

（二）公民户籍附加在公民受教育权上的利益过大

在北京，存在这样一种现象，有人公开叫卖北京户口十万元二十万元不等。原因在于拥有北京户口有可以买经济适用房，可以享受各种社

会福利，可以免去高额的择校费，可以很好地就业择业，特别是可以轻松考取大学等诸多好处。在 2011 年北京的高考录取率达到 85%，是两湖地区的两到三倍；重点高校录取率是 16%，是河南省的四倍。此外还有北京当地大学对拥有北京当地户籍考生的优先照顾尤为明显：山东考生数量是北京的 6 倍，而北京大学、清华大学下达给北京市的招生指标却是山东的 5—6 倍。北京约 100 多名考生中就有 1 人有机会上清华、北大，而在山东，4000 多名考生中才有 1 人有此机会。录取机会相差 30 多倍，山东教育界人士感叹："难怪很多外地人挤破头也要去北京。"这一情况在上海、天津等高校众多的地区也同样存在。因此，根据户籍情况划定录取比例容易造成地方保护，在高校多的地区，户籍显现的利益就大，地方保护主义也严重。我们认为，户籍隐形附加在高考上的利益是导致高考移民迁移的重要原因，因此打破户籍限制，根据学籍报考和录取才是真正保护考生利益、切实维护考生教育平等权的重要手段。

（三）高考过程中存在不公正的加分政策

2011 年高考中，北京市有 1.2 万名考生享受了高考加分，平均每 7 名考生就有 1 人加分，从 5 分到 20 分不等。虽然在 2010 年 11 月 19 日，教育部、国家民委、公安部、国家体育总局、中国科协等五部门联合发文规范和调整部分高考加分项目。但是，在教育部的加分项目基础上，一些省、市、自治区招生委员会又制定了名目繁多的加分项目。因为教育部规定，有关省（区、市）确需增加政策性照顾项目，经本省普通高校招生委员会研究确定，报教育部核准备案后向社会公布即可实行。可见，地方还可以设置各式各类的加分项目。地方根据情况制定相关的加分政策是可行的，高考加分的设置也有利于特殊人才的选拔和培养。但是仅仅由教育部核准备案，会因为缺少家长和考生参与而损害他们的根本利益。在高考加分项目设置上，加强这一制度的合理性和公开性，积极听取学生和家长的合理意见。香港各高校在内地招收学生的时候只看"裸分"，但是会参考性地考虑学生的加分情况。以高考卷面成绩为招录标准，辅以有专长有特色的加分政策来判断是否录取考生，这样有重点、有针对性的方案是相对合理的。倘若内地的高校参考此标准，可以有效减少加分投机行为，减少相应的腐败案例发生，更能将考生向正确的学习方向引导。

（四）高考移民行政法规的乱象

国家对高考移民问题持严惩态度，但是高考移民依旧屡禁不止，究其根本元凶还有法律的乱象。对于此现象没有具体的行政法规束缚，在甄别高考移民以及实施上缺乏有效的措施，导致很多错案的发生。教育部的文件没有说明高考移民的具体定义和适用规则，没有说明考前相应的具体时间，也没有施以任何的惩罚。我们只能知晓阻挡高考移民的门槛在户籍地和年限上，而不是任何现行法律的规制和设定。因此，可以说高考移民是在钻法律的漏洞，法律的乱象导致了高考移民的泛滥。

（五）现代社会“唯学历主义”现象的存在

对于大多数的普通中国老百姓的子女来说，高考是向上流动的重要途径，并在很大程度上决定了考生终生的命运。而对于大多数的农村学生来说，高考也是他们跳出农村的最佳途径。结构功能主义认为，对个人来说，正规的学校教育其显性功能除了社会化外，还有社会定位的重要功能；同时它也存在着不为人所意识到的潜在功能，如提供一种合适的生活方式，否则当他们无法找到工作时会沮丧、不满意。更令人关注的另一潜在功能是能够建立一种持久社会关系网络。这种网络不仅提供了友谊，而且为将来就业提供了帮助，并提供了丰富的社会资源。因此这就是很多存在升学困难的考生家长们不惜花费大量的金钱，甘于冒道德风险，搭不发达地区教育制度的“便车”也要达到让自己的子女考上大学的强大动力所在。

高考移民和现代社会上的用人机制也有很大的关系。一些部门为了装点门面或是因为攀比的心理，在用人要求上也日益增加条件。无论到哪个人才招聘会上都可以看到用人单位的用人要求，至少是本科以上。随着高等学校的不断扩招，大学生也越来越多，用人单位的选择余地也大大增加了。一般院校的学生找工作就比较困难，家长为了让孩子上个好大学就不惜本钱，让孩子成为高考移民，使得在就业时增加一个重要的砝码。社会上用人单位的这种“唯学历主义”现象和“唯名牌大学”的用人机制也是高考移民现象发生的一个重要的、潜在的因素。学历本是学校教育的毕业证书，后来逐渐演变为人们追求的目标，社会以学历的高低来对一个人的能力和社会地位做出评价。很多家长和学生都明白，如果没有大学文凭作为就业的敲门砖，要找工作很难，找理想的工作就更难了，更不用说高层次的生活，想进入上层社会也就很难了。进普通本科和重点本科的命运也是迥然不同的，有很多的用人单位招聘的第一条要求就是第一学历是本科，而不管你后来进修到了什么程度。用人单位这种用人机制，使得社会上的很多人都认为，要上就要上重点，要上就要上名牌。因为这种思想的存在，导致有些学生不进行高考移民就能上普通本科的也为了上名牌大学而进行移民，导致了高考移民的学生越来越多的局面。

二　高考移民问题产生的影响

（一）高考移民打破了相对平衡的高考秩序

高考移民现象现在很普遍，每四名考生就有一名疑似高考移民。这样恣意的迁徙，打破了相对平衡的高考秩序：其一，高考是在选拔人才的同时相对照顾偏远地区和少数民族的考试，让高考移民占用了照顾名额，挤占该照顾的同学名额，违背了高考制度的初衷。在西部偏远地区，常常一个县只有一所中学，老师数量少，基础设施差，家长多为农民，能坚持读到高中不放弃学业的考生少之又少，国家对他们的照顾是理所应当的。能花高价迁移到低分区高考的考生肯定不存在这种基础教育资源不足的问题，他们不该享受照顾。其二，对移民者本身而言，到另一个地方采用另一种录取标准，较之原户籍考生来说都是秩序上的混乱。同一个地区出生的考生在总体上显然应当接受同样的教育，划定同样的录取分数线，适用同样的高考政策，而高考移民一次又一次地创造了“特例”。总之，高考移民无论是相对于迁入地考生还是原户籍地考生来说，都造成了高考秩序上的混乱。

（二）高考移民问题激化了社会矛盾

高等教育资源作为社会公共资源的一种，类别上应属于有限资源。按照行政法的一般法理，高等教育资源作为一种有限稀缺的社会公共资源，社会公众对其是一种排他性的使用，换言之，高等教育资源一旦被社会公众所使用，其他社会公众就丧失了对其使用的机会。因此，在高考移民问题中，此类考生占用的是迁入地的高考名额，侵犯的是当地考生的受教育权利，因此很有可能激化社会矛盾。令人遗憾的是，此类社会案件在我国已有出现。2002 年 6 月，在海南省教育厅门口出现了大规模游行活动，当地部分家长和考生们将教育厅大门围得水泄不通，他们的目的就是抵制高考移民的侵入，让相关部门引起重视。在陕西，当地学生常常用言语攻击考前临时从河南迁来的外地考生们，他们知道这些移民会占用他们的录取名额。不难看出，每年几十万的移民考生已经造成了不大不小的社会矛盾，游行和言语攻击是长期积累下来的矛盾的表现，尤其是对迁入地区高考制度的影响太大。由此可以看出，高考移民的社会不良影响必须降低，改革当今高考制度也迫在眉睫。

（三）高考移民过程中易增加腐败行为

在高考移民过程中，户籍地开具的证明是户口迁移的必要手续，由此滋生出大量“职业小贩”负责移民考生与当地政府相关部门工作人员沟通事宜。移民考生将所需费用交给小贩，再由小贩转交给政府相关部门工作人员，工作人员通过修改、伪造文件等各种手段把高考移民迁入所需要的地方，由此形成一个利益链条。由于高考移民迁移时需要公安部门开具户籍证明，特殊情况下还需要工商部门开具的公司注册证明、房地产管理部门颁发的房屋权属证书等。需要各个部门人员的配合和帮助。高考移民产生的腐败行为牵涉公安、房管、工商等多个部门，影响深远，后果严重。

三　高考移民的制度分析

从时间序列来看，制度是以往政策的沉淀，一般先有政策的重复，然后政策被固定下来，发展为制度。最初某些人发现某种规则有利可图，然后被坚持，接着被更多的人接受，最后成为一种习惯，再发展为制度。政策的长期积累、沉淀，人们慢慢接受，就发展成为制度。我国不同时期的高考招生政策，经过长期的积累、沉淀，就发展成为高考招生制度。高考招生政策是树木，高考招生制度是森林。可见要把握高考移民现象的本质，最有效的方法就是研究高考招生制度的变迁规律。

（一）高考招生制度的制度收益减少阶段

从20世纪50年代到20世纪90年代，国家从招生制度获取的收益大于招生制度的成本。国家从招生制度获取的收益主要在两方面：一是招生制度维持了社会公平正义，保障了西部少数民族考生接受高等教育的机会。二是为国家建设提供了人才。目前这两个收益都在减少，从20世纪90年代到目前为止，随着高考移民的出现，招生制度的交易成本不断提高，公众对社会公平正义的不满，使国家的制度收益不断降低。高考移民减少了西部地区考生入学的机会，引起西部地区公众的强烈不满，这对国家来说就是招生制度收益的减少。由于北京、上海、天津对招生指标的垄断，当地的考生竞争环境相对轻松，考生整体的刻苦学习程度，与河南、山东等省考生相比相差较大。例如：2009年3月17日晚上10点50分，河南西峡中学17岁的高三女生小蓓从5层高的教学楼上纵身跃下；此前的2008年12月15日上午，和她同年级的一个男生猝死课堂。每天学习18个小时，在半年内使两名风华正茂的学生失去了最宝贵的生命。学习刻苦，成绩好的考生，由于当地的招生指标少没能进入大学，而学习成绩相对差的学生进入了大学，这对国家来说也是招生制度收益的减少。制度创新可以降低交易成本，为社会创造制度收益。只要存在制度收益减少和交易成本增加的现实，就存在制度创新的内在动力。

（二）高考招生制度的制度创新阶段

交易成本是制度创新的一个重要动力，但为什么当一种制度的交易成本明显上升，制度创新却没有出现呢？交易成本虽然提供了制度创新的动力，但交易成本并不会主动推动制度创新。具体地说，在一个社会中，一项制度的收益总是相对于人的主观评价。只有当一项制度创新，能给他个人带来收益时，他才会支持制度创新。如果制度创新为社会带来了收益，而不能为他个人带来收益，他也会反对。制度创新能否实现，取决于由不同人组成的利益集团的选择。一项制度给谁带来成本与收益的比较，才是制度创新能否实施的关键。以上分析给出了具有一般意义的理论含义：交易成本的总体比较，为制度创新提供了一个选择的依据，但制度创新的能否实施取决于利益集团对利益的比较和选择。

我国目前对高考招生制度的态度，可以大致划分为三个集团：以北京、上海、天津为代表的“东部集团”，以河南、山东为代表的“中部集团”和以海南、新疆为代表的“西部集团”。“东部集团”反对改革现有的招生制度，维持自己的既得利益。“中部集团”坚决反对现有的招生制度。“西部集团”持有限反对的态度，因为国家有民族政策，自己的利益不会有损失，维持现有招生政策对自己有利，但现有政策造成的高考移民又侵犯了自己的利益，因此也希望改革招生政策减少高考移民，所以“西部集团”是有限反对。制度创新的矛盾主要存在于“东部集团”和“中部集团”之间。由于有“东部集团”的反对，所以我国的高考招生制度创新一直举步维艰，多年来没有取得实质进展。从我国的实际情况出发，我国的高考招生制度创新，应该选择强制性制度变迁和渐进式制度变迁相结合的模式。在该模式下的制度创新，需要做以下几方面的工作：改革措施，尽量争取“东部集团”的支持；可以先在某一省市试点，成功后再推广到其他地区；对新旧制度采取双轨制，有效缓冲改革中遇到的阻力；选择各方面条件相对成熟的省市，作为改革的突破口；实行增量改革，在新招生的指标内，按照各省人口占全国人口比例，对各省投放招生指标，实行老指标老办法，新指标新办法。

四　高考移民问题的治理对策

（一）加强高校自主招生

目前，立即让“东部集团”让出高考招生名额，由于利益集团的抵制根本行不通。北京开人代会期间，就有代表公开明确反对改变当前高考招生政策。此路行不通只有采用“曲线救国”的策略，找到各方都能接受的政策，就是扩大高校自主招生。目前的自主招生，只是高校在原有地区的名额范围内的自主招生。例如，复旦大学 2006 年自主招生名额，是复旦大学在原上海招生名额内，拿出一部分名额，对上海考生的自主招生。为了不使上海人觉得自己的“蛋糕”被别人分走，目前只好采取这个方案。自主招生的下一步，应该允许部分自主招生高校面向全国招生。自主招生进一步的改革，应该是所有自主招生名额向全国开放，面向全国招生，招生比例逐步扩大，这样就使其他地区的考生有了公平参与的机会，增加其他地区考生上学的机会。

（二）缩小各地高考分数线之间的差距

由于高考移民现象出现的直接原因在于倾斜的高考分数线，因此改革目前相对不公平的高考分数线“差”势在必行。但如果要一次性地彻底根除存在了多年的高考分数线“差”这一现象是不太可能的，同时也会对现有的稳定的高考秩序造成一定的冲击，因此，在保持合理分数线“差”的同时，逐步缩短各地分数线之间的差距，真正做到“分数面前人人平等”。有关部门可以根据各地的教育资源状况、每年毕业生人数、高考升学率等各项指标，对各地高考招生名额的分配及分数线的划定进行充分的认证，必须保证各地考生的利益。其实，分数线问题就是考试公平与区域公平的问题。早在1300年前科举制度就存在着“冒籍”现象，类似于现在的高考移民。[1]中国一千多年的科举演变史告诉我们，考试逐渐从考试公平趋向于区域公平。近年来，随着各省市之间高考录取分数线差异逐渐显现，分省市定额划定高考录取分数线的办法和问题越来越受到教育界和社会舆论的关注。观点对立的双方言辞激烈，各有道理。要使讨论从激愤走向冷静，从感性走向理性，得出较公允客观的认识，需要大家放宽视界。将录取公平问题放到历史的长河中去考察，便可知道在考试公平与区域公平之间长期存在着两难选择，不可能有一种两全其美的办法，我们不要企望完美的解决之道，只能在考试公平与区域公平两端之间尽量取得相对平衡，找出其中相对合理的办法来。我们必须结合历史与现实进行深入的理论分析，尽可能提出科学而合理的决策参考。

由于历史和现实原因，还不能在短期内在全国统一高考录取分数线。统一录取分数线被很多人认为是真正的公平。但是对于不同地区的学生来讲，分数线的简单统一并不是真正的公平，因为在此之前他们的起点已经不平等。如果说西部边远地区的学生在高考前已经遭受了不公平的待遇，那么在高考时让其享受公平的受教权，无疑是一种补救。对高考弱势群体的政策倾斜，不应看作不公平。要从实践出发，要根据各地区实际情况，分类指导，不宜全国统一高考录取分数线。但是高考分数线的差距应该逐渐地缩小，最终达到一个合理的分数线差距。

（三）加大对教育相对落后地区基础教育的扶持力度

现在有一个误解是，西部地区以及海南的基础教育落后，都是外省给比的，所以西部地区及海南省政府第一要做的是如何封堵高考移民，而不是首先考虑如何强大自己。例如，海南省教育界官员认为外地考生在海南报考是对海南的考生不公平，因为海南的考生与省外考生不是站在同一起跑线上竞争。那么海南城市与农村的考生是否站在同一起跑线？海南省的考生之间就是公平竞争吗？时至今日，没有一个海南的官员对高考移民的出现向海南人民道歉，因为新中国成立几十年后的今天，海南的基础教育水平依然落后不是海南政府的责任，而是历史原因和客观条件限制造成的，问题并不在于海南省政府，而在于基础教育发展的不均衡。

要大力扭转西部和边远地区教育不发达的现状，光强调合理分配还远远不能满足现实的需求，因为知识向来是向发达地区集结的。如果国家在边远地区加大投入，给予他们有利的物质及制度保障，不让他们总是勒紧裤带生活，给他们一个能够施展才华的宽松场所，这样才能留得住人才，才能使边远地区的教育事业也同内地一样发达起来。边远地区的教育事业发达了，即使还要高考分数线也不会有差距或差距太大了，高考移民就会自然而然地消失了，也不用国家和政府出台一定的强硬措施和政策去封堵或者去禁止了。

（四）调整高等教育资源分布，改革户籍制度

解决高考移民问题的对策必须依据现实的具体情况来制定。在我国的高考制度和户籍制度等不作出重大改变的情况下，我们所能做的只能是：一是加大对西部地区的教育投入（包括人才投入与财力投入），提高教育水平。二是国家从政策上对西部地区尤其是少数民族地区的考生实行适当的倾斜政策。三是提高高考报名门槛，如规定在当地较长的居住年限等，严把报名关等。但是，我们所做的这些还不能彻底解决高考移民问题。要彻底解决高考移民问题可能要建立在统一全国高考录取分数线，高校享有完全的招生考试自主权或高等教育资源在全国的布局合理且供大于求等基础之上。多年致力于西部地区教育发展项目研究的滕星博士说："高考移民符合人类趋利避害的本性。我们更应该多关注那

些弱势群体，那些户籍在分数线高的地区又没钱移民的学生，他们怎么办？西部一些省的落后地区人均收入在800—1500元甚至800元以下，这个数字意味着连义务教育都无法普及，这些地方的学生又怎么办？高考的公平，在于它打破了过去的保送生制度，成为丈量个人能力的一把尺子，但是相应的配套政策并没有完善，高校分布不均等、教育资源分布的不平衡影响了高考分数的统一。”

（五）弱化用人单位的“唯学历主义”，强调终身教育

伴随着知识经济时代的脚步，学习化社会的雏形也随之显现，教育将成为人类生活中最重要也是最普遍的事情。随着现代教育技术的发展和不断介入，人类正掀起一场新学习革命，教育和学习的方式将发生深刻的改变。“建设和完善终身教育体系”已写入我国《教育法》总则，终身教育的思想越来越被人们重视，并越来越深刻地影响教育的改革与发展。[2]在现代社会，知识更新期明显缩短，产业结构调整频繁，转岗、再就业的概率增大，使人们进一步接受教育成为必然，为此传统教育的终点即为终身教育的起点，把每个人的受教育的时间同每个人的社会实践历程叠合起来，使教育与实践双向互动。因此过去那种“一纸定终生”的单一的人才选拔方式已经无法适应知识经济的要求，它必将被日益多元化的选拔方式所取代，高考的重要性也相对减弱，人们可以通过各种方式，如自学考试、电大、夜大等来达到获取专业知识和职业技能的目的。同时，现代社会的用人浮夸风要得到适当的遏止，用人单位不要“唯学历主义”、“唯名牌主义”，要看到学生的实际能力和发展的潜能，不要只看学历，让学生都有贡献自己力量的机会。现在终身教育思想被日益重视，要提供员工的进修机会，这样不仅高考移民不会出现，而且一个学习型的社会将被逐步地确立。

（作者信息：包毅，深圳大学社会科学学院讲师、博士；
江雪铭，深圳大学社会科学学院硕士研究生）

注　释

[1] 刘海峨、樊本富：《论西部地区的“高考移民”问题——兼论科举时代的

“冒籍”现象》,《教育研究》2004 年第 10 期。

［2］赖志琼、吴中宇:《“高考移民”现象分析》,《当代青年研究》2003 年第 4 期。

外地研究生文化适应及策略的实证分析

引　　言

在经济全球化的影响下，移民也成为一种全球化现象。而移民群体在文化适应过程中，将会面临一系列的文化冲突，如环境的变化、政治经济制度的变化、生活习俗的变化等。近年来，文化适应的研究领域因为概念和测量方法的不一致而充满了复杂性和歧义性。但是，学者们公认的是由雷德菲尔德（Redfield）等学者在1936年提出的一个定义：文化适应是指当具有不同文化背景的群体开始持续的、直接的接触，随后一方或双方的原有文化范式发生变化。[1]

在文化适应策略的研究领域，不同的研究者则提出了自己的理论框架。在文化适应的理论发展过程中，主要出现了以下三个文化适应模型：帕克斯（Parks）和米勒（Miller）提出的单维模型，该模型认为文化适应中的个体总是会从最初的原有文化达到对主流文化的完全认同。[2]研究者用单维量表SLS-U（The Suinn-Lew Asian Self-Identity Acculturation Scale）对移民至美国的亚洲人进行了研究调查，发现单维模型能够很好地预测亚洲人在文化适应过程中的偏好、民族认同感、文化知识和代际地位。[3]但是，有学者认为单维模型存在一个局限性，那就是它无法将持有双文化特征个体中对两种文化都十分熟悉和对两种文化都不太熟悉的两类群体进行区分。[4]随后贝里（Berry）提出了二维模型，他认为文化适应由两个维度组成，分别是保持对自己母文化的认同和保持与当地社会群体的关系，并在此基础上区分了4种文化适应策略：整合（既保持原有文化也注重与其他群体进行日常交往）、同化（舍弃原有文化但注重与其他群体进行日常交流）、分离（保持原有文化但拒绝与其他群体交往）、边缘化（对于原有文化和与其他群体进行交流都没兴趣）。[5]国外学者根据贝里（Berry）的二维模型理论编制文化适应问卷，对韩裔美国老年人进行了研究，结果发现该群体主要采取两种文化适应策略：整合和分离。此外，整合策略组的个体在美国定居的时间较长，因此在文化适应过程中的身心状况良好。[6]前两个模型主要和文化适应的维度有关，而阿伦德斯－托特（Arends-Toth）等人则在其他学者研究的基础上提出了融合模型，他们认为个体在文化适应过程中实际上面对的是“整合的文化”，不是单一的原有文化或者主流文化。[7]在现有的研究中，贝里（Berry）的二维模型居统治地位。

此外，文化适应过程中的影响因素也会对移民群体造成不同的心理变化。国内学者结合国内外的研究成果，阐述了影响文化适应的内部和外部因素。外部因素主要包括生活变化、社会支持、时间、文化距离和歧视与偏见，内部因素包括评价和应对方式、人格、应对资源和人口统计学。[8]

深圳，作为一个新兴城市，既存在本地的客家文化根基，也融入了全国各地到深圳参加开发，并把深圳作为第二故乡的开拓者的家乡文化。所以，在一个各种文化混合的“大杂院”里调查研究生的文化适应比较有代表性。国内外对文化适应的研究虽然取得了相当丰富的成果，但现有的研究范围并没有涉及国内移民这个方面，而现如今国内移民现象已经普遍流行。因此，结合文化适应的影响因素和贝里（Berry）的二维模型去探究外地研究生的文化适应现状以及在文化适应过程中的策略选择具有现实意义。

一　研究方法

（一）文化适应影响因素问卷初测

1. 被试

初测问卷被试来自深圳大学研一、研二、研三三个年级共 133 人。获得有效问卷共 133 份，其中男生 60 人，女生 73 人。

2. 文化适应影响因素问卷的探索性因素分析

采用 SPSS 17.0 对样本的高低分组进行 t 检验和总体相关检验后，

用主成分分析法，并进行探索性因素分析（KMO 值为 0.812，Bartlett 球形检验的结果显著，故适合做探索性因素分析）。首先，通过主成分分析方法，方差最大迭代次数 4 次后，因素分析后的问卷中包含了 4 个因素，累计方差贡献率为 64.542%，各因子对方差的贡献率从大到小依次为 34.026%、14.276%、8.998%、7.242%。其次，再对四个因子进行内在一致性因素分析，各因子内在一致性系数从大到小依次为 0.857、0.819、0.808、0.527。再次，从表 1 可知，每道题在因子上的负荷均大于 0.5，且都落在了理想的维度上，因而具有良好的结构效度。最后，对 4 个因子的题目进行分析，初步总结出这四个因子为：应对方式、评价方式、认知资源和社会支持。

应对方式因子包含 5 个项目，分别包括朋友、家人和自我三个方面；评价方式因子包含 4 个项目，分别包括深圳、深圳的生活方式、深圳的社区活动，以及深圳人四个方面；认知资源因子包含 3 个项目，分别包括对深圳方言的读、写、说三个方面；社会支持因子包含三个项目，分别包括家人、朋友和重要他人三个方面。

表 1　**文化适应影响因素问卷的旋转因子负荷矩阵**

项　目	因素成分			
	因子 1	因子 2	因子 3	因子 4
我可以和家人讨论我所遇到的问题	.773			
我的朋友们会尽力帮助我	.731			
我可以和朋友们讨论我所遇到的问题	.727			
当事情不顺利时我可以依靠我的朋友	.685			
来深圳遇到的生活变化能使我成为一个坚强的人	.674			
我喜欢深圳的生活方式		.814		
我喜欢深圳		.743		
我喜欢参加深圳的社区活动		.732		
我喜欢和深圳本地人交往		.620		
我能用深圳的方言进行阅读			.902	
我会说深圳的方言			.887	
我会用深圳的方言来写字			.780	

续表

项目	因素成分			
	因子1	因子2	因子3	因子4
我的家人尽力帮助我				.787
我有可以一起分享快乐和悲伤的朋友				.654
我的生活中有一个在意我情感的人				.550

（二）文化适应影响因素问卷正式施测

1. 被试

采取简单随机抽样的方法，选取深圳大学研究生作为调查对象，该群体的生源地分别为华东、华南（除深圳外地区）、华中、华北、西北、西南和东北，获得有效问卷246份。在调查对象样本中，共有男性138人，女性68人，性别缺失40人。研一学生117名，研二学生66名，研三学生44名，年级缺失19人。

2. 工具

（1）文化适应影响因素问卷，问卷采用李克特式5点计分。（2）东亚人的文化适应测量量表（The East Asian Acculturation Measure, EAAM）[9]，量表采用李克特式5点计分。该量表包括整合、同化、分离和边缘化四个维度，共29个项目。量表首先由两名英语专业的学生翻译成中文，并形成量表的初稿，然后再由一名英语专业人员将中文量表进行回译，比较与英文量表的差异，最终形成“东亚人的文化适应测量量表（中文版）”。整合、同化、分离和边缘化各维度的信度分别为0.552、0.802、0.747、0.843，这与以移民至美国的东亚人为被试所得的研究结果的信度相似（相应的各维度信度分别为0.74、0.77、0.76、0.843），达到可接受的水平。因此，修订后的东亚人的文化适应测量量表具有良好的信度，可用来测量外地研究生的文化适应。

3. 文化适应影响因素问卷的验证性因素分析

为了了解项目与各因素之间的关系，对文化适应影响因素问卷的15个项目的4个因素结构进行验证性因素分析，所有项目的因素载荷都在0.50以上。根据修正指数去掉交叉载荷较高的项目1个（项目9），对剩余的14个项目进行验证性因素分析，模型各拟合指数均符合要求（见表2）。

表2 文化适应影响因素问卷验证性因素分析的拟合指数（$n=123$）

拟合指数	χ^2	df	χ^2/df	$RMSEA$	$NNFI$	CFI
修饰前	152.47	84	1.815	0.082	0.90	0.92
修饰后	106.86	71	1.505	0.059	0.93	0.94

表3 因素标准化载荷估计结果

应对方式		评价方式		认知资源		社会支持	
项目	负荷	项目	负荷	项目	负荷	项目	负荷
1	0.31	6	0.50	9	1.05	12	0.45
2	0.36	7	0.50	10	1.20	13	0.41
3	0.53	8	0.73	11	0.94	14	0.55
4	0.66						
5	0.54						

4. 文化适应影响因素问卷的信度

文化适应影响因素问卷的四个维度（社会支持、认知资源、评价方式、应对方式）的克隆巴赫（Cronbach α）一致性系数分别为：0.53、0.86、0.81、0.82。相关显著性均达到0.01水平。

二 结果

（一）文化适应影响因素在部分人口统计学因素上的差异分析

1. 性别

表4 不同性别在文化适应影响因素问卷上的差异检验

量表	性别	n	$\bar{x}$	s	t
社会支持	男	136	12.27	2.01	-3.91***
	女	68	13.28	1.58	
评价方式	男	136	14.01	2.22	-0.46
	女	68	14.16	2.31	

续表

量表	性别	n	$\bar{x}$	s	t
应对方式	男	136	19.18	2.65	−2.89*
	女	68	20.37	3.00	
认知资源	男	136	6.199	3.22	−0.36
	女	68	6.37	3.38	

注：***表示 $p<0.001$，*表示 $p<0.05$，下同。

从表4中可以看出，在文化适应的影响因素四个维度上，性别在社会支持和应对方式两个维度上出现显著性差异，而在评价方式和认知资源上没有出现显著性差异。

2. 年级

表5　　**不同年级在文化适应影响因素问卷上的差异检验**

量表	年级	n	$\bar{x}$	s	F
社会支持	一	116	12.67	2.03	1.88
	二	64	12.11	2.09	
	三	44	12.70	1.76	
评价方式	一	116	13.88	2.27	0.61
	二	64	13.86	2.21	
	三	44	14.03	2.46	
应对方式	一	116	19.68	2.46	0.56
	二	64	19.28	3.14	
	三	44	19.25	1.76	
认知资源	一	116	5.82	3.13	2.91
	二	64	7.03	3.38	
	三	44	6.30	3.28	

从表5中可以看出，对于处于不同年级的研究被试而言，文化适应影响因素的四个维度均未出现显著性差异。

3. 生源地

表6　　不同生源地在文化适应影响因素问卷上的差异检验

量表	生源地	n	$\bar{x}$	s	F
社会支持	华东	71	12.37	2.13	0.25
	华南	56	12.63	2.10	
	华中	89	12.48	1.96	
评价方式	华东	71	13.63	2.30	0.77
	华南	56	14.57	2.16	
	华中	89	13.94	2.27	
应对方式	华东	71	19.03	3.43	2.08
	华南	56	20.05	2.43	
	华中	89	19.63	2.60	
认知资源	华东	71	5.51	2.44	54.11***
	华南	56	9.80	3.37	
	华中	89	5.28	2.52	

由于生源地样本中华北、西北、西南和东北地区的样本太少而未进入差异检验，仅选取华东、华南和华中为生源地的组别进行差异检验，从表6中可以看出，只有认知资源这个维度出现显著性差异，而其余三个维度均未出现显著性差异。

（二）文化适应影响因素与文化适应策略的全模型分析

全模型是指同时具有外源变量和内生变量的模型，也称为完整模型。将文化适应影响因素作为外源变量，文化适应策略作为内生变量，通过LISREL8.7对研究结果进行全模型分析，可以得出下面的模型拟合指数。

计算模型拟合指数的结果是：$\chi^2 = 1222.31$，$df = 722$，$\chi^2/df = 1.693$，RMSEA为0.075 <0.8，CFI为0.87，NNFI为0.86，模型拟合较好。

从中可以看出，除文化适应影响因素中的评价方式和文化适应策略中的整合以外，应对方式、认知资源和社会支持与文化适应策略间的路径均显著，说明应对方式、认知资源和社会支持会影响个体文化适应策略的选择。进一步分析可以发现，应对方式对边缘化策略有显著消极预测作用；认知资源对边缘化策略有显著消极预测作用，对分离策略有显著积极预测作用；社会支持对同化策略有显著积极预测作用。

三 讨论

通过数据分析发现，外地研究生的文化适应状况良好。U 形曲线理论认为，旅居者在居住时间为 1—6 个月和 18 个月时文化适应水平高，而在 6—18 个月时的适应水平低。[10]这说明，个体的文化适应会受到时间的影响。而个体能否有效地解决在文化适应过程中面临的一系列文化冲突（环境的变化、生活习惯的变化等）和社会支持、认知资源、应对方式及评价方式是紧密相连，无法完全隔离的。研究结果发现，女生倾向于采取较为积极的应对方式，更愿意主动寻求社会支持，这与国外其他学者的研究结果一致（Bankston[11]，Cherry[12]，Rachel[13]）。移民群体在文化适应过程中如果能采取积极的应对方式，主动获得社会支持，就能达到更好的心理适应，体验到较少的压力。有学者发现，认知资源是影响个体文化适应过程中的重要因素。方言作为认知资源的重要组成部分，它的流利程度有利于缓解文化适应过程中所遭受的歧视（Wong，Eccles，Sameroff[14]，Chau-kiu，Kwan-Kwok[15]）。从结果分析中可以看出，来自华南地区生源地的研究对象在认知资源上更有优势，因为华南地区（广东、广西、海南、香港、澳门）的方言和深圳方言较为接近。

研究结果表明，应对方式、社会支持和认知资源会影响外地研究生文化适应策略的选择。个体如果以消极的应对方式看待主流文化，会倾向于采取边缘化的策略。社会支持则可以起到促进良好的文化适应的作用，个体如果在文化适应过程中得到社会支持，则倾向于采取同化策略。而认知资源同样是文化适应过程中的一个重要影响因素，研究调查结果显示，外地研究生的认知资源不足，导致个体在文化适应过程中倾向于采取分离策略和边缘化策略，研究结果与贝里（Berry）的二维模型理论一致。贝里（Berry）认为同化策略和整合策略是成功的策略，边缘化策略和分离策略是失败的策略。外地研究生在文化适应过程中应对主流文化采取积极的应对方式，并主动寻求社会支持和认知资源。这不仅利于外地研究生选择成功的文化适应策略，还可促进个体尽快适应主流文化。

文化适应是随着时间变化的一个复杂过程，只采取让研究对象自我报告的形式对问题的认识具有滞后性。往后的研究可采用纵向研究调查方法，进一步深入了解外地研究生在跨文化接触过程中所采取的文化适应模式及伴随而来的心理变化。

四 结论

第一，外地研究生的文化适应状况良好。

第二，性别在文化适应影响因素中的社会支持维度和应对方式维度上具有统计学差异，社会支持、应对方式、评价方式和认知资源四个维度均没有显著的年级差异，不同的生源地参与者在认知资源维度上的差异具有显著的统计学意义。

第三，应对方式对边缘化策略有显著消极预测作用；认知资源对边缘化策略有显著消极预测作用，对分离策略有显著积极预测作用；社会支持对同化策略有显著积极预测作用。

（作者信息：焦璨，深圳大学副教授、博士；
黄菲菲，华南师范大学硕士研究生）

注 释

［1］Redfield, R. Linton, R. & Herskovits, M. J., Memorandum for the Study of Acculturation［J］, *American Anthropologist*, 1936, 38: 149－152.

［2］余伟、郑钢：《跨文化心理学中的文化适应研究》，《心理科学进展》2005年第13卷。

［3］Wm, P. F. Steven, P. R., Yu, J. J., An Empirical Comparison of Acculturation Models［J］, *Personality and Social Psychology Bulletin*, 2001, 27 (8): 1035－1045.

［4］Cuellar, I. Arnold, B. Gonzalez, G., Cognitive Referents of Acculturation: Assessment of Cultural Constructs in Mexican Americans [J], *Journal of Community Psychology*, 1995, 23 (4): 339-356.

[5] Berry, J. W., Acculturation: Living Successfully in Two Cultures [J], *International Journal of Intercultural Relations*, 2005, 29 (6): 697-712.

[6] Yuri, J. Giyeon, K. & David, C., et al., A Bidimensional Model of Acculturation for Korean American Older Adults [J], *Journal of Aging Studies*, 2007, 21: 267-275.

[7] Arends-Toth, J. Van de Vijver, F. J. R., Domains and Dimensions in Acculturation: Implicit Theories of Turkish - Dutch [J], *International Journal of Intercultural Relations*, 2004, 28 (1): 19-35.

[8] 陈慧、车宏生:《跨文化适应影响因素研究述评》,《心理科学进展》2003年第11卷。

[9] Declan, T. Barry., Development of a New Scale for Measuring Acculturation: The East Asian Acculturation Measure (EAAM) [J], *Journal of immigrant health*, 2001, 3 (4): 193-197.

[10] Lysgaard, S., Adjustment in a Foreign Society: Norwegian Fulbright Grantees Visiting the United States [J], *International Social Science Bulletin*, 1955, (7): 45-51.

[11] Bankston, C. L. Zhou, M. Social Capital and Immigrant Children's Achievement [J]. *Research in Sociology of Education*, 2002, (13): 13-39.

[12] Cherry Katherine Magnet de Saissy., Acculturation, Self-efficacy and Social Support among Chinese Immigrants in Northern Ireland [J], *International Journal of Intercultural Relations*, 2009, 33 (4): 291-300.

[13] Rachel, A. Smith & Nigar, G., et al., A Review of the Acculturation Experiences of International Students [J], *International Journal of Intercultural Relations*, 2011, 35 (6): 699-713.

[14] Wong, C. A. Eccles, J. S. & Sameroff, A., The Influence of Ethnic Discrimination and Ethnic Identification on African American Adolescents' Social and Socioemotional Adjustment [J], *Journal of Personality*, 2003, 71 (6): 1197-1232.

[15] Cheung, C. K. Leung, K. K., Resources Mitigate the Impediment of Discrimination to the Acculturation Success of Students Migrated to Hong Kong [J], *International Journal of Intercultural Relations*, 2009, 33 (5): 372-382.

以工程为依托，创新移民城市公民教育模式

——以深圳为例

习近平总书记2012年底在视察广东、深圳时发表重要讲话，提出了“三个定位、两个率先”（发展中国特色社会主义的排头兵、深化改革开放的先行地、探索科学发展的实验区；率先全面建成小康社会、率先基本实现社会主义现代化），以作为对深圳发展的要求和深圳的新历史使命。

2013年底，为贯彻总书记的要求和全国人民的期望，深圳提出全面深化改革要在推进“三化一平台”建设上实现重点突破的思路：围绕市场化的改革目标，按照使市场在资源配置中起决定性作用的新要求，率先构建更加完善的社会主义市场经济体系，在重塑经济特区改革新优势上有重大突破；围绕法治化的改革目标，率先构建现代城市治理体系，为推进国家治理体系和治理能力现代化探索新路，在建设一流法治城市上有重大突破；围绕国际化的改革目标，不断提升城市建设、法规制度、服务管理、人文环境等软硬件的国际化水平，在建设国际化先进城市上有重大突破；围绕前海开发开放的国家级战略平台，率先营造法治化、国际化营商环境，在建设全国经济中心城市上有重大突破。“三化一平台”紧密关联、互为依托，统一于深圳全面深化改革的工作大局。

因此，立足于深圳作为移民城市的特点，探索公民教育的创新模式，加强公民教育，培育市民“富强、民主、文明、和谐、自由、平等、公正、法治、爱国、敬业、诚信、友善”的社会主义核心价值观念，充分发挥市民在社区和城市事务中的积极性和创造性，增进市民的归属感，是加快把深圳建设成为现代化国际化先进城市、中国特色社会主义示范市和小康社会先进城的重要举措，也是深圳探索全面深化改

革，完善社会主义制度的重要步骤。

公民教育既有普遍性，也有特殊性，我们应立足于本国的历史文化和民族特性，在吸收国际社会普遍经验的基础上，建构中国特色社会主义公民教育的理论体系，探索出有中国特色的、符合中国实际的、操作性强而又有成效的中国式公民教育的途径和模式，以适应国家未来经济社会的发展，为实现民族复兴和国家富强贡献智慧。

所谓公民教育模式创新，就是针对目前公民教育存在的问题，在对国内外公民教育的理论和实践经验进行总结和借鉴的基础上，结合深圳的发展定位、人口结构特点和实际情况，致力探索切实可行、富有成效的公民教育路径，形成多元主体平等参与、公民教育与公共服务相结合、市民喜闻乐见的公民教育新模式，为中国特色社会主义现代化建设进程中的公民教育方式、方法提供有益尝试，为深圳乃至全国公民教育创新经验。

具体而言，深圳公民教育模式创新，要努力实现如下几个转变。在内容上，从片面的政治教育向权利义务教育并重转变，从过于政治化向政治化与生活化、人性化结合转变，切实重视公民教育对建设社会主义和谐社会的重要意义，重视居民的公民知识、公民情感、公民信念与公民技能在建设现代化、示范性城市中的重要作用，形成公民教育完善的内容体系。在形式和方法上，从自上而下灌输向直接教育与自我教育相结合转变，既注重自上而下的教育，也重视发挥被教育者的主体作用，切忌教条主义和形式化，摒弃面目可憎的生硬灌输、居高临下的说教方式，充分发挥居民的主动性与积极性，充分利用各类现代传媒手段加强公民教育，改进和丰富公民教育的形式和手段，使公民教育从形式到内容为社区民众喜闻乐见，形式丰富多彩。在效果上，从理论和道德原则的灌输向注重行为养成转变，改变过往重形式、轻内容，重知识、轻实践的教育方式，注重公民教育的实践活动，发挥人民群众的热情和智慧，在参与和实践中培育公民意识，形成公民良好的道德行为和文明礼仪。在工作体系上，从政府主导向政府主导与社会参与相结合转变，完善公民教育工作体系，鼓励社会组织开展公民教育活动，鼓励居民积极参与，使公民教育成为公民的自觉自愿行为。总之，公民教育要从单向的训导型教育模式向协同的参与型教育模式转变。

公民教育应该在各级各类学校教育的基础上，立足于社区，更多地利用服务学习、社区活动、民主参与和群众自治的方式开展各项各类活动。义工活动是重要而效果明显的公民教育实践活动。在义工活动广泛开展的基础上，应建设公民教育创新模式的依托工程，从而使公民教育工作取得扎实而有效的进步。

公民教育依托工程是鉴于过去公民教育的缺陷与不足，所进行的针对性强、效果显著的公民教育活动。这些工程从内容到形式、从手段到效果、从宣传到实施，涵盖了公民教育的诸多方面，是长至3—5年内可以逐步实施且可以完成的项目。公民教育依托工程的建设是公民教育模式创新的重要方面，也是积极探索中国特色社会主义公民教育模式的重要步骤。

依内容分，公民教育依托工程可以大概分为基础设施类、组织队伍类、宣传推广类、行为养成类、公民培育类等共五大类16项。

一　基础设施类

（一）公民教育基地工程

建立公民教育基地和公民教育场馆，为公民教育提供长期的、稳定的、固定的场所和环境。

把市内有代表性的、纪念意义的建筑物及遗址、场所列为公民教育基地。公民教育基地每年分期分批举行授牌仪式，授牌仪式邀请中小学生及市民参加，并请中小学生代表及市民代表发言。

建立市公民广场，作为市公民教育活动的主体场馆。公民广场楼顶设立霓虹灯标牌。楼内进驻各类公民教育展览和活动场馆，开展丰富多彩的公民教育展览和体验、游艺活动，对市民免费开放。市市民学校进驻市公民教育大厦办公。各街道教育学校专员培训工作及表彰总结会议在公民广场进行。公民广场的运作模式可参考香港国民教育资源中心。

通过公开招标的方式设计公民教育的标识形象和口号。该标识和口号应悬挂在公民教育大厦上方，并在公民教育相关资料、印刷品、物品上体现。为公民教育造势，打造市公民教育的品牌优势，让公民教育成为全市的一个特色品牌和名片、名牌。

设立市公民教育网站。举凡公民教育的组织架构、人员构成、年度及中长期活动计划、活动安排、课题招标、资助申请、理论研究成果、网上教育等内容上网公开。民众既可以通过公民教育网络了解市公民教育的方方面面，也可以登录网上教育内容，体验、参与、接受公民教育。

（二）公民教育雕塑工程

可在社区公园、城市广场、居民小区等地设立公民教育雕塑，用新颖的形式，使公民教育渗入居民生活，既是开展公民教育的标识形象，又是体现公民精神的物质载体。目的是让公民教育对民众来说可以入眼、入心，在潜移默化中感受公民教育的理念与熏陶。

公民教育雕塑的内容，可以用身边感人的好人好事作题材，可以是铭刻历届“好公民”名录及事迹的碑石，可以是公民教育名人名言的刻石，可以是相关人物形象的展示，可以是与公民培育相关的生活场景的再现，也可以是公民教育抽象理念的具象化形象。

公民教育的雕塑数量不用太多，每个大型小区、每个街心公园及市政公园或宽阔街角、林荫路边设立即可。

雕塑的设计与建造，需广泛征求民众在形象设计与地点选址方面的意见和建议，采取招投标方式进行。

雕塑的尺寸、形象与色彩要求与周边环境协调，做到不突兀、不怪异、不扎眼，朴实而又具有美感，符合大众审美情趣，为民众所喜闻乐见。

（三）公共场所文明行为引导提示牌设置工程

在公共场所设立明显而又明确的文明礼仪行为劝导标牌，是养成居民优良质素的重要措施。

从历史上来看，中国传统文化是一种典型的农业文化，它要处理的主要是熟人之间的伦理关系。因此，梁启超等人就认为中国人重私德轻公德，即注重私生活领域的个人德性，但忽略了公共生活领域的德性，如社会公德和职业道德。当然，问题的根源不是中国这个种族不行，也不是中国人素质差，不愿意学习和养成现代文明的举止，而是长期封建社会的历史进程，使得我们缺乏公共生活领域的生活熏陶与锻炼。

中国目前正处于从传统社会向现代社会的转型期，长期的农业文明传统，原来生活的一些习惯一时很难适应现代工业文明和陌生人社会，比如随地吐痰、高楼抛物现象司空见惯，而女士优先、依序排队等现代文明行为还没能成为全民的新习惯。深圳是城市化进程中典型的移民社区，深圳人现代生活质素的养成及现代文明礼仪习惯的培育，还应该加强。如果正确适时地加以引导和培育，现代公民文明举止和礼仪、礼貌的养成会收到事半功倍的效果。相信假以时日，中国内地人的整体素质、文明状况一定能赶得上甚至超过今天的西方人、中国香港人、中国台湾人。

为了对居民的行为举止加以引导，应该在主要公共场所、电梯、天桥、路口、商业设施、文艺场所、博物馆、图书馆、公园等显眼位置设立悬挂提示性的牌匾，对居民的行为举止进行恰当的引导。如：公共场合，请勿吸烟；行人乘电梯请靠右侧站立；请关闭手机；请勿大声喧哗；请排队候车；请依序上下车等。

二　组织队伍类

（一）市民学校建设工程

视需要建立市级和各街道市民学校。市民学校是公民教育的实体工程，是公民教育的执行机构，也是有力推进公民教育的重要力量。市民学校聘请专业人士、学校教师、社会名流为专兼职教师，并由市公民教育主管部门发放一定的津贴与补助。

市民学校业务归市宣教部门管理，接受市和上级公民教育指导委员会的领导。作为公民教育的执行机构，市民学校按照上级部署，结合市域实际，拟订公民教育计划和工作安排、联络各社会团体的公民教育机构和组织、推进公民教育的宣传、处理公民教育社会团体资金资助的申请、管理公民教育理论研究和实践项目的实施、工作总结、经验交流、参观访问、调研等。

市市民学校进驻市公民教育大厦办公，街道市民学校至少安排一个固定房间办公，有一个教室作为进行相关演讲及教育活动的场所。

（二）公民教育社会组织建设工程

成立市公民教育指导委员会，委员会由党政相关部门领导和教育专家、社会贤达、热心公民教育的社会名流组成，总成员15—20名，每3—5年改换部分人员。委员会每季度或半年至少召开一次会议。相关重要问题必要时亦需召开全体会议，研究相关问题，深入调研，提供指导意见和对策。

公民教育指导委员会及市民学校应鼓励、引导和监管社会团体成立机构深入企业、社区和学校，参与公民教育。对社会团体进行的公民教育活动提供力所能及的帮助和指导，如场所的提供、活动及理论研究经费的补助和补贴、活动的支持、相关部门的协调，等等。

鼓励成立由专业人士、志愿者组成及参与的公民教育社会组织，由社会组织和志愿者组织开展形式多样的公民教育活动，形成全社会共同参与公民教育的氛围，提高公民教育实效。

只要不违背原则，商业性组织机构的类似活动也可纳入监管、引导、资助的范围。

三　宣传推广类

（一）社区文明宣传工程

通过编制相关宣传资料、开发宣讲项目、制作海报栏、设立黑板报等方式深入社区进行宣传教育。

大型居民小区、街心公园、公民广场、市民学校应设立阅报栏，广泛宣传公民教育的相关内容、计划安排、先进典型等。

印制公民教育的宣传海报，在显眼位置张贴和悬挂。

编制公民教育的相关资料及计划安排，在小区与街道散发。

充分利用节假日、纪念日及一些民族节日，进行公民教育的宣讲。

设立“公民教育月”或“公民教育周”，配合深圳市读书月或市民文化大讲堂活动，有机地开展公民教育宣传工作。

（二）公民教育立体宣传工程

设立公民教育网站，与广播电视、报纸杂志、通信运营商、广告等各种媒体机构合作，充分利用多媒体、平面载体、灯箱广告、招贴宣传画、音频视频、标语口号等方式进行公民教育的宣传推广工作，形成公民教育的立体宣传工程，让公民教育的理念和公民知识深入人心，达到前所未有的效果。

四 行为养成类

（一）社区文明建设工程

充分利用各种可能的契机进行社区文明建设。例如可以通过举办睦邻节、美食节、民俗活动体验日、亲子活动日、书法绘画摄影展、文艺演出、歌舞比赛、手工制作学习、小区文体活动、茶艺表演、学雷锋活动、义工活动、体育竞赛等活动促进小区居民相互了解、密切联系，形成守望相助、邻里和睦的和谐邻里关系。

鼓励小区居民以合法、合理、和平而不是采取非法、粗暴、野蛮与暴力的武力或肢体冲突的方式方法解决矛盾与争端。

引导与鼓励小区居民以主人翁的姿态积极参与小区的各项事务中去，对小区的事务建言献策，合理合法地保障和维护自身的权益。

集中开展以“维护公共秩序，塑造文明形象”为主题的公共道德教育实践活动。充分利用宣传橱窗、横幅等宣传阵地，张贴“文明公约”，大力宣传创建礼仪社区、文明社区，教育引导广大居民自觉遵守公众场所的有关规定、要求，做到行为得体，举止文雅，文明礼让，爱护各类公共设施，共同维护公众利益，树立良好的居民形象。在社区主要街道通过发放“文明居民公约”、“礼仪知识常识”、“公共礼仪知识”等为内容的宣传单，增强居民对创建文明小区、文明形象的认识、了解，提高居民参与的积极性和自觉性。

创建礼仪社区、文明社区必须依靠群众，把宣传发动工作做到社区每一户居民的家里，居委会工作人员可以利用机会走进居民家中通过唠家常、聊天等引导形式，使辖区居民群众对创建工作产生热情，促进他们以各种形式支持和参与社区礼仪创建工作。发挥离退休老党员和积极分子的热情和积极性，让民众成为文明小区创建的主体力量。

鼓励中小学生及其家长共同参与社区工作。这种活动既密切了亲子关系，又使中小学生及其家长在活动中接受公民培育和养成，这也是公民教育的日常化、生活化，在实践中培育居民公民素养的重要方面。

（二）公共交通文明教育工程

针对“中国式过马路”及机动车、电动车违规现象突出的现实，在加强交通设施建设、严格交通执法的同时，也可以组织义工对行人过马路和车辆通行进行有效的引导，开展相关交通文明教育，如“斑马亮丽风景线建设”等项目。行人与车辆的道路通行是市民公共生活的重要方面，公共交通文明教育工程的实施，将会从一个侧面提升市民的道德素养与文明质素。

引导车辆驾驶员开文明车。自觉养成“按灯停走、按道行驶、按线通行、按位停放、按章驾乘、按规处罚”的交通习惯，服从交警指挥，践行交通法规，不争道、抢道、占道，不乱停乱放、乱调头，不闯红灯，不开霸王车。杜绝酒后驾驶、疲劳驾驶。保持安全行车车距，系好安全带，文明礼让斑马线。在行驶中不拨打、接听手机，不向车外抛洒物品，不污染和破坏路面。驾乘摩托车戴好安全头盔，严格遵守交通法规，安全行驶等。

引导行人行文明路。行路时不闯红灯、不乱穿马路、不在机动车道内行走，不翻越交通隔离设施，骑乘非机动车不上机动车道行驶，不违反交通信号指示通行，不妨碍机动车正常通行，不在禁行道骑乘电动自行车。

引导居民做文明人。爱护交通安全设施。自觉排队上下车，在公交车上主动为老、弱、病、残、孕和带小孩的乘客让座。积极参与文明交通志愿服务、宣传劝导活动，经常引导和提醒家人、朋友注意交通安全，关爱自己和他人的生命。

每一个人都应自觉成为文明交通的实践者、参与者、支持者，养成文明交通好习惯，关爱生命，文明出行。

（三）公共场所文明教育活动工程

公共场所是指人群经常聚集、供公共使用、服务人民大众的活动场所，是人们生活中不可缺少的组成部分，包括影剧院、体育场馆、商场超市、汽车站、公交车、广场、公园以及文艺演出、体育赛事现场等。

公共场所最能反映一个城市物质文明和精神文明建设情况，折射一个城市的文明程度和市民文明素质，彰显一座城市的良好形象和精神风貌。公共场所讲公德，是城市文明的最好体现，也是对一个市民的最基本要求，所以，加强公共场所市民文明素质教育，无论是对城市未来发展，还是对正在开展的文明创建工作，都具有十分重要的现实意义和长远的历史意义。

公共场所要求无乱扔杂物、随地吐痰、损坏花草树木、吵架、斗殴等不文明行为；无吸烟现象；影剧院、图书馆、会场、赛场等场所安静、文明，无大声喧哗、嬉闹现象；广场、公园环境整洁，公共设施功能齐全完好。

在影剧院以及各类文艺演出场所，引导居民做到入场、退场秩序良好；剧场安静文明，无大声喧哗、无污言秽语、无嬉戏吵闹，有相应公共文明引导志愿服务人员。教育引导观众提前进场、引导入座。观看演出时，不戴帽子、不吃带皮和有响声的食物，不把脚踩踏在前排座位上。演出结束后要报以掌声，等剧场亮灯后再有序退场。

在各类体育赛场引导居民做到入场、退场秩序良好，场内无喝倒彩、无污言秽语、无投掷杂物、无寻衅滋事，有相应公共文明引导志愿服务人员。教育引导观众提前入场，对号入座。比赛期间保持安静，不随意走动。鼓掌喝彩要恰逢时机，鼓掌时间要适可而止。主场观众要体现东道主风尚和公平精神，为双方鼓掌。场内不吸烟、不拍照，自觉维护赛场秩序。

在商场、超市引导购物者购物时不要大声喧哗，自觉维护公共卫生，爱护公共设施及商品，礼貌称呼营业员。在自选商场购物时，对挑选过的商品如不中意，应物归原处。结账离开时要对营业员表示谢意。

在汽车站、公交车站台引导居民自觉遵守秩序、排队候车、依次上下车，不争抢座位，给老、弱、病、残、孕等需要帮助的人主动让座。乘车时不随处吐痰，不乱扔垃圾，不吸烟，不大声叫喊，不把头、手伸出窗外。

在广场、公园教育引导居民进场入园不乱扔杂物、不随地吐痰、不损坏花草树木、不乱贴乱画、不破坏公共设施。

在引导居民做文明人的同时，也要做好相关公共场所的服务，引导工作人员及从业者增强服务意识，提升服务水平，如引导服务者做到购物环境整洁，货物摆放整齐有序；做到候车、乘车环境整洁优美，各种指示标牌明确清晰；做到环境整洁优美，功能设施完善，卫生状况良好等。公共场所也要组织安排公共文明引导志愿服务人员。

组织义工，尤其是中小学生在公共场所进行有序引导，逐步培育市民文明质素，如举办“红领巾在行动”文明礼仪劝导工程等，既让中小学生在活动中受到公民教育的实践锻炼，培养他们的公民技能，也让居民受到教育，不断提升个体质素，养成文明举止。

五　公民培育类

（一）新市民文明教育工程

新市民是未来新公民的主体，加强对新市民的教育，会取得公民教育事半功倍的效果。针对新市民，编制与他们的生活需要密切相关的实用性教材，如《深圳生活一本通》等对新市民进行引导。

对新市民的教育，应转变过去高高在上式的高压管理方法，将公民教育有机地融入对新市民的服务中，通过服务加强沟通，让新市民在被关怀和服务的同时受到现代公民意识和城市化的熏陶。

《深圳生活一本通》及《新市民教育读本》教材的编写，以刚来深圳务工、生活的新深圳人为对象。在企业、社区或深圳交通场站出口位置发放。可以让新市民自行保存阅读，也可以有目的地深入企业、小区开展以教材内容为主的新市民教育。

教材内容包括日常生活需要类、生产与生活安全类、健康知识类、职场规范与权益保障类、文明礼仪类、道德法规类及深圳市概况类等。日常生活需要类，如常用电话、邮政编码、节假日安排、公共交通指南等；健康类包括身体健康和心理健康内容；安全类包括交通安全、生活安全、生产安全等涵盖身心、金融安全等方面的内容。这样的教材或读本既是对新市民进行教育的资料，又是他们日常工作、生活必备的助手和参考书，也是他们愿意和喜欢阅读的素质培养的手册。教材的编写要生动活泼、喜闻乐见。

引导新市民积极参加企业和社区的各类文娱活动，密切员工的日常联系，促使新市民尽快培育对深圳及企业的归属感和责任感。

帮助新市民解决工作、生活中的问题，变管理为服务，让他们体验“来了就是深圳人”等“十大观念”的熏陶，以深圳为骄傲，以做一个人而自豪。

（二）志愿活动和志愿服务促进工程

志愿活动和志愿服务（义工服务）是居民公民养成教育的重要方面，鼓励更多的居民参与志愿工作，形成互助、参与的公民教育局面。

进行志愿服务推进工作研究，制订志愿服务行动计划，确定志愿服务项目。

进一步加强“U 站”建设。提升“U 站”志愿者服务水平和服务能力，扩展服务范围。

推行“争做文明交通人”志愿宣传活动。组织车友网或爱车协会，发动车友，义务宣传“争做文明交通人”，引导驾车人文明出行，从我做起，在全市营造维护交通秩序的良好氛围，参与“文明出行从我做起——争做文明交通人”活动。

启动“爱我城市美化环境”为主题的志愿服务活动。倡导市民在公共场所不扔垃圾、不随地吐痰，爱护公共设施，爱护绿地草坪，美化城市环境，共同参与建设美丽城市建设。

与驻市和驻区各高校联合组织开展征募集志愿者服务活动。组织志愿者、高校新生在火车站、汽车站等地设立志愿服务点，提供咨询指路、秩序维护等志愿服务，义务宣传介绍市超市、医院、公交线路等便民服务设施，文明城市创建目标等常识。

开展“我们的节日”活动，关爱福利院、养老院孤儿、老人。利用中秋节、国庆节、重阳节、春节等，开展关爱空巢老人、留守儿童、农民工、残疾人等志愿服务活动。如帮助农民工的孩子利用假期到深圳同父母团聚，游览深圳等。

文明引导志愿服务。交警、环卫、园林、住建有关部门应招募志愿者，在汽车站、火车站、公交站点、剧院场馆、公园、商场等公共场所开展“十大文明行为引导”志愿服务活动。

从长远看，提升志愿服务水平，需要加强组织领导，要加强志愿者队伍建设，为志愿服务活动提供保障，表彰激励优秀志愿服务者，使志愿服务常态化、规范化。

（三）公共文明指数提升工程

配合文明城市建设，积极改善公共环境设施，提倡优良公共秩序，引导人际交往，促进公益行动，提升社会的文明指数。

实施市民素质提升工程。内容包含：组织“提高城市公共文明指数，塑造优秀人文环境”大讨论；开展文明礼仪教育活动；开展“文明社会，从我做起”系列活动；开展道德建设活动；开展“做一个有道德的人”主题教育活动等。

实施文明窗口行业创建工程。内容包含：规范行业文明；规范行为准则；开展优质服务活动；在面向消费者的窗口行业、旅游景市广泛开展优质文明服务系列活动；加强旅游、交通、商贸、医疗等行业文明单位建设等。

实施国际化街市（社区）建设工程。内容包含：美化、亮化街市（社区）景观；设立、完善城市公共标识；精心制作户外宣传设施和公益广告；深入开展环境综合整治工程；抓好文明示范社区活动等。

实施特色文化建设工程。内容包含：大力研究、宣传深圳移民特色文化；举办丰富多彩的文化活动；开展爱国歌曲大家唱活动；开展“我们的节日”主题活动；组织多层次、宽领域的对外文化交流活动；发展文化旅游产业等。

实施社会动员和志愿服务工程。内容包含：切实做好创建文明城市舆论引导工作；广泛开展志愿服务等。

实施移风易俗工程。内容包含：深入推进文明生态街市建设；开展“文明家庭”评比活动等。

（四）传统文化与国民素质教育工程

积极利用传统文化的优势，实现传统文化的现代化创造性转换，如在传统节日举行民俗展览和民俗知识讲解，举行优秀传统剧目的会演等，通过这些活动，切实提高居民道德修养水平，提高社会公德水平，营造良好的社会风尚。

重仁贵义，尊礼崇和的传统文化当然是提升国民素质的一个很好的选择。因为它是传统，所以它最适宜于中国人的生活及人文社会环境；因为它是传统，所以是它塑造了中华民族，塑造了中国人的民族心理和精神气质；因为它是传统，所以它是中国人的精神支柱和文化根基；因为它是传统，所以对千千万万中国人来说，它更方便、更熟悉、更亲切。比如孟子所极力推崇的浩然正气与大丈夫精神，正是中国文化、中国人自信自强的重要精神力量。因此，充分利用传统文化正是我们加强公民教育，创新公民教育模式的优势。

（五）国情与形势宣传教育工程

有主题、有计划地在中小学和社区进行传统、民俗、国情、形势、政策的宣讲，通过形势政策教育，培育公民的国家认同和城市归属感，孕育居民的爱国主义情操。

充分利用节假日、纪念日，深入开展国情与宣传教育。

建议建立形势政策报告会制度，把形势政策教育纳入年度宣传思想文化工作之中，努力使形势报告会制度化、规范化。并针对某一个时期群众关注的热点问题，邀请市委党校教师、市委宣讲团或有关部门负责人，定期组织开展专题讲座和宣传活动；市教育部门要定期分析中小学生思想状况，及时组织力量对中小学生进行形势政策教育。

加强队伍建设和阵地建设。不断扩充宣讲员队伍。从各基层党组织、辖区高校选择理论素质较高的人员，充实到宣讲员队伍中来。充分发挥领导干部的带头作用，调动辖区大学的专家学者等社会各方面力量，不断壮大宣讲员队伍。不断拓展教育阵地。根据不同群体特点，结合实际，不断加强形势政策和国情教育阵地建设，扩大教育覆盖面。在基层党员干部群众中，充分利用党员活动室等阵地，通过举办专题讲座、专场文艺演出等多种形式和载体，加强干部群众教育。在青少年学生中，通过爱国主义教育基地等多种阵地，开展宣传教育活动。

开展多种形式的形势政策教育、国情（包括中国革命史）教育、国防和国家安全教育。将形势政策、国情教育与爱祖国、爱人民、爱社会主义教育相结合，与各种节庆活动和科普宣传周活动结合，抓住重大纪念日等有利时机，组织广大干部群众、中小学生到烈士陵园、博物馆、爱国主义教育基地等场所，接受中国革命史教育。并积极创新教育形式，利用各级各类讲堂，采用座谈会、讲座、报告会、征文、宣传栏、知识竞赛、图片展览、问卷调查、文艺演出等形式，使广大干部群众亲身参与，增强教育效果，使全社会的整体文明程度和人民的整体素质不断提高。

（六）“好公民”评选活动工程

每年或每季度举办一次“好公民”评选活动，树立公民教育的榜样，让居民在实际生活中接受公民教育和榜样引导，以评比促建设，促进公民教育效果的提升。

鼓励居民积极参与，在好公民评选的各个阶段如提名推荐阶段、宣传推进阶段和评审阶段都体现居民的主体意识和主人翁角色。

评比过程中，大力宣传候选人的事迹。让每一次评比都能成为培育公民的一次有利的宣传教育活动。

（作者信息：刘国红，深圳大学社会科学学院副教授、博士）

当代中国移民城市的文化特征及其伦理精神的构建

——以深圳为例

随着工业化的发展，移民现象已经成为现代社会发展的常态。尤其是现代城市的形成与壮大，更与移民的大量涌入息息相关。正如以色列学者裘德·马特拉斯所说："都市化在很大程度上是一种移民现象。"[1]正是一代又一代移民的艰苦奋斗和辛勤劳动，创造了移民城市繁华的商业文明和独特的人文风貌，形成了移民城市特有的文明形态。

一 移民城市文化的内涵

在移民城市中，移民的到来也形成了各具特色的移民文化，主要是观念形态的文化形态。由于移民在迁徙的过程中不可能把其迁出地的物质形态的文化随身携带，而且，现代移民并不是像古代移民那样是因为战乱、饥荒等原因被迫流离失所而成为移民，相反，在改革开放以来的当代中国，许多人是为了追求自己的梦想而选择了移民。"当每一个移民背井离乡、胸怀满腔热血踏上这片热土的时候，他已经'闯'出了故乡的家门，'闯'上了人生的发展道路，'闯'向了自己的憧憬和希望。"[2]他们离开故土，是希望打破原来的束缚和限制，甚至改变原来的生活方式。因而，他们借助新的机遇，甩开膀子在新的土地上创造新的文明，这背后的力量就是一种观念文化的力量，主要包括伦理道德、宗教、哲学、艺术、文学、政治法律思想和教育思想等。"它在结构上表现为两大层次：一是移民心理，是指移民社会人们的情感、意志、风俗习惯、道德风尚和审美情趣等要素，以及以价值观为核心，包括其经济、政治、文化、道德、文学、艺术、宗教、哲学等方面的观念因素。其中，以价值观为核心的观念因素是移民心理中的深层次结构，制约着情感、意志、风俗习惯等其他因素。二是直接反映移民心理的各种社会意识形态，即以移民心理为基础，理论化、系统化的思想体系，包括政治法律思想、道德伦理学说以及宗教、哲学等思想体系。”[3]因此，不难看出，移民文化是种狭义上的文化，即精神文化。而这种精神文化具有自己的独特性。

二 当代移民城市的文化特征

首先，移民城市的文化是一种异质性文化，呈现出很强包容性特征。由于现代移民会向四面八方流动，也会从四面八方向一个城市聚集，来源复杂。这些移民有各自不同的出身背景、风俗传统、生活习惯、伦理观念和不同的教育经历等，表现在外在的喜好甚至价值观都不尽相同，这就使得移民城市的文化表现出明显的异质性，人与人之间的差异性较之非移民地区要大得多，富裕的、贫穷的，受教育程度高的、低的，能力强的、弱的，事业成功的、失败的，其对比都较其他地方更加鲜明。然而，人们来到同一座城市求生存、求发展，并且能和谐相处，共同发展，无论什么人，只要是在移民城市里勤勉工作，一般都不会遭受异样的眼光和过多的非议，更不会受到排挤，这就显示了移民普遍具有很强的宽容美德和包容心理，也正是这些品质，成就了移民城市文化的包容性本质和特征。例如，深圳是一座当代中国最典型的移民城市，只用了30年，从原本只有三万人的落后小渔村发展成为拥有一千多万人口的现代化国际大都市，95%以上的人口是移民，充分显示了异质性和包容性的文化特征。在深圳成立经济特区30周年之际所评选出的深圳“十大观念”中，就有“鼓励创新，宽容失败”和“来了，就是深圳人”的观念列入其中，这显示了深圳移民的宽容精神和包容情怀，让每一个怀揣梦想来到深圳的移民都感受到温暖。一座城市，只有能宽容失败，才会有更多成功的可能。深圳移民也正是凭借着对失败的宽容赢得了更多成功，创造了发展的奇迹。

其次，移民城市的文化是一种生成性文化，呈现出很强的开放性特征。移民从四面八方涌向一个新的城市，或者聚集到一个新的地方，形成城市，对他们来说，就是与过去的一切形成了断裂，到达一个陌生的地方，一切从零开始。因此，物质、精神的建设都如同在一张白纸上作画，虽然没有旧的条框束缚，但同时也毫无基础。从文化上来说，就是移民秉持着一种精神，到新的城市经受打磨，伴随着淘汰、转换、更新、新生，从而培育出新的文化。因而，移民城市的文化不是一种既成文化，而是一种新生成的文化，而这种文化在生成的过程中不是封闭的，而是与移民城市内在的开放本质一致的，在城市发展的过程中不断还有新的移民到来，也为其文化的发展不断地补充新的元素和养料。因此，这种移民城市的文化也是因其开放性而充满活力、吐故纳新的文化，具有极强的生命力。

深圳，作为中国改革开放的前沿城市，是在中国经历十年“文化大革命”生死起伏后承载着中华民族命运的重负中诞生的经济特区，由于与其经济发展的速度对比过于鲜明，曾被世人称为“文化沙漠”，因为“在关于深圳的各种传奇中，有关于金钱的，有关于效率的，有关于价值观的，却很少有关于读书的”[2]。

然而，从1996年起，深圳人用自己的行动颠覆了外界对深圳的固有想象。尤其是从2000年开始，深圳把每年11月定为“深圳读书月”，在社会上激起了强烈反响，在读书月里，大师名家们纷纷应邀来深圳开坛论道，知识界、文化界因此开始对深圳刮目相看。2005年，深圳诞生了“十大观念”之一的新理念——“让城市因热爱读书而受人尊重”。如今，“深圳读书月”已经成为深圳的一张文化名片，在全国乃至世界读书界都有了巨大的影响力，并因此而获得了“杰出的发展中的知识城市”的称号，成为第一个获此殊荣的中国城市。这些都标志着这片曾被称为“文化沙漠”的土地，已经开始并实践一种新的城市精神和社会文明。2006年5月，随着深圳申办第26届大学生运动会的成功，“深圳，与世界没有距离”又成为这座城市的宣言。深圳人凭着一种永不枯竭的创新精神和对发展文化的执着追求，树立起了自己的文化标杆，培育了崭新的城市文化，也使深圳从“速度深圳”转变成为“效益深圳”，显示出深圳人强烈的文化自觉意识和开放意识。

最后，移民城市的文化是一种革新性文化，呈现出很强的创造性。当代移民由于有其充分的自觉性，是在可以自由选择的情况下而主动成为移民的。比起以往时代由于战乱、饥荒而被动成为移民的人来说，当代移民享有并利用更多的权利、财富，更便捷的交通，更畅通发达的信息渠道等便利条件，在选择移民之前就会充分了解移居地的各种情况，是在权衡利弊之后做出的理性选择。移民前往新的城市，是为了获得更大的发展和成就，过上更好的生活，也为了寻找施展拳脚的新天地，从而实现自己贡献社会、改造社会的理想和抱负，而迫于无奈的情况较少。在当代中国，移民城市往往是改革的急先锋，“承载着某种特殊的政治使命、实现某种特殊的功能，城市建设都在既定的‘观念’主导下启动和发展”[4]。因而，移民城市的文化也充满了革新色彩，表现出强大的创造性特征。从某种意义上说，它们是被“设计”出来的。

以深圳为例，其每一步发展无不是改革创新的结果，而要发展也必须要靠改革创新。在深圳经济特区诞生之前，就已经将其定位为改革的“窗口”、“试验田”、“示范区”，肩负着开辟中国特色社会主义道路的历史使命。在文化上，也与这些定位相适应，提出了一系列新观念，在改革开放的早期，来深圳的建设者就打出了“时间就是金钱，效率就是生命”、“空谈误国，实干兴邦”的口号。在当时，就如初春的第一声春雷，响彻云霄。这是对经“文化大革命”浩劫后弥漫全国思想界的保守之风的强烈否定和反叛，也是中国五千年文明史中从未有过的巨大创新。在特区发展的过程中，深圳又提出了“敢为天下先”、“改革创新是深圳的根、深圳的魂”等观念，无不表现出深圳市民开拓进取、勇担风险的开拓创新精神，也为深圳文化打下了革新、进取、创造的文化基调。在中国现代史乃至思想史上都留下了浓墨重彩的一笔。深圳通过建立特区的市场启动机制，完成了中国启蒙思想运动从文化启蒙到市场启蒙的转型。

三　当代移民社会的伦理精神

虽然自古以来就有移民现象，甚至除了一些原住民以外，世界绝大多数地方的人都是世世代代的移民及其后代构成的，移民是人类历史发展中的常态。然而，自觉、主动的移民却是近现代以来的现象，甚至形成了强大的移民潮。出现自觉、主动移民（潮）的原因，从根本上说，是社会生产力提高而推动人员流动加快的结果。近现代以来，随着生产力的提高和科学技术的进步，人类掌控世界的能力快速提高，开拓世界的范围和领域越来越广。同时，由于家乡人口的增多和资源的紧张，一些人寻求新生活的愿望和好奇心也越发强烈。在多种因素的推动下，移民也就日趋增多，形成一波波的移民潮。在此过程中，随着人员的流动速度频率加快，逐渐改变了原来的乡土社会结构，使传统的伦理关系也发生了重大改变，最主要的改变是从传统社会的“五伦”关系变成了现代社会的“六伦”关系，即增加了陌生人之间的关系，并且日渐成为社会交往的主要关系，而传统主导的“五伦”关系本身也在变化，在人的生活中其主导地位日渐丧失。在移民城市中，这种现象尤其明显。因此，对于移民城市来说，如何使四面八方涌来的移民和谐相处，理性地处理人与人之间的关系，这是移民城市的文化建设，尤其是伦理构建必须面对的问题。而失去了乡土亲情联系的移民，其伦理关系不可能再用乡土社会的方法建构，必须立足现代社会的特点，构建符合现代社会要求的现代伦理。其中最重要的就是市民伦理和市场伦理。

（一）市民伦理是移民城市的基本伦理

简单地说，市民伦理是在传统农业社会向现代工业社会转型的过程中形成的，是调节基于商业文明的城市市民之间关系的伦理规范的总和。它随着现代城市的兴起而出现，反映城市居民和谐相处的愿望，也是市民在日常生活中应该遵循的基本伦理。研究市民伦理，就需要提到市民社会。“市民社会”（civil society）作为一个术语，其历史可追溯到古希腊城邦时代的亚里士多德，他把市民社会的内涵界定为城邦。古罗马历史学家西塞罗将其转译为拉丁文的 societas civilis，并且扩大了它的内涵，认为它不仅指“单一国家，而且也指业已发达到出现城市的文明政治共同体的生活状况。这些共同体有自己的法典（民法），有一定程度的礼仪和都市特性（野蛮人和前城市文化不属于市民社会）、市民合作及依据民法生活并受其调整，以及‘城市生活’和‘商业艺术’的优雅情致”[5]。到了近代，英法思想家广泛使用市民社会这一概念，但基本上都将其等同于政治国家。直到黑格尔，才给市民社会界定了与之相反的含义，他强调市民社会的私利性及其与政治国家的区别，认为市民社会是由家族过渡到国家的中间社会领域，“市民社会是个人私利的战场，是一切人反对一切人的战场，同样，市民社会也是私人利益跟特殊公共事务相冲突的舞台，并且是它们二者共同跟国家的最高观点和制度冲突的舞台”[5]。然而，人与人之间又相互依赖，每个人都必须在满足他人福利的同时才能满足自己。黑格尔的这一界定对后世的政治思想乃至今天的政治实践和理论思考都起着参照性和说明性意义。当代市民社会的内涵虽然已有所变化，但还是认为它是独立于家庭和国家之外，处于两者之间的公共领域或市场领域。可见，无论对市民社会作何理解，都始终与城市文明密切相关。换言之，城市文明是市民社会的具象，虽然不能把城市文明直接等同于市民社会，但城市文明在一定程度上表征着市民社会的本质和特征。从这个意义上看，当代移民城市也表现出了市民社会的本质和特征，这里商业繁华、流动频繁、私人性、独立性、利益性都充分彰显。正如有学者针对深圳的情况强调指出：“特区区别于内地城市最重要的贡献是通过市场机制的启动，让市场在中国传统的政治社会空间生长出来了。基于市场经济理性的个人权利和私人财产权利等等观念从此在中国普通老百姓以及中央决策层的思想观念中扎下了根。”[2]那么，在伦理上，移民城市既要承认和保护私人利益，又要维护市场秩序，就必须遵循一定的伦理规范。这种伦理规范既超越传统社会的家庭伦理，又不同于国家政治伦理，它是一种具有公共性特征、具有维护城市交往基本秩序功能的伦理规范。

移民城市多由生活习惯、文化传统不同的外乡人组成，他们之间没有血缘关系，甚至缺少地缘关系，更多的是业缘关系，都需要建立对新城市的归属感，这种离开了天然亲情人伦的归属感只能有赖于新的行为规则和伦理精神的建立，诸如自由、平等、公正、独立、多元、包容，等等。这些伦理精神契合了移民城市的基本需要，基于这些伦理精神而形成的伦理规范就是市民伦理。只有消除了因贫富、地位、出身等传统因素导致的身份高低贵贱的区别，不因外在因素而影响人们在这座城市中的行动自由、价值实现，才能使移民慢慢建立起对新城市的精神依恋，每个人都只具有因为是这座城市的市民身份而享受共同的殊荣和权利，也承担共同的责任与义务。这座城市也才能因此具有吸引力，建立起自己的城市伦理精神和城市品牌。

（二）市场伦理是移民城市的经济伦理

一般来说，移民城市都是经济活跃、市场繁荣、充满活力的地区，这既是市场经济发展的结果，同时也对市场经济的进一步发展提出了更高的要求，即市场经济的发展不仅需要完备的制度规范，也需要建立良好的市场伦理。因为市场经济是人类自发生成和演进的分工——交易体系，在这个体系中，人的理性得到了充分挖掘、培养和运用。古典自由主义思想认为，在市场经济条件下，人们享有极大的自由，依据市场需要来自由地生产各种产品。然而，这种自由生产经历了一个自发到自觉的过程。哈耶克在《知识在社会中的利用》一文中提出将社会经济问题归结为如何利用知识的问题，他把知识分为“科学知识”和“有关特定时间和地点之具体情况的知识”，前者指基于经济知识和运算技术等作出的统一经济计划，后者是指“关于各种具体情况的知识，从未以集中的或完整的形式存在，而只是不全面而且时常矛盾的形式为各个独立的个人所掌握”。相对于前者，后者对经济秩序具有更重要的意义。[6] 因为它反映了人的除了科学理性之外的其他理性，包括在不知对方是谁的情况下能够实现人与人之间的合作、互补和信任，保持经济运转合理有序的理性，这无疑是仅靠科学知识主导下的经济计划和纯粹技术无法解决的问题。在市场经济条件下，生产、交换的范围越出家庭、家族，甚至越出城市、地区和国家，每一个生产者、交换者之间不可能都相互知道、认识。相反，人们是在彼此不知情的状态下去进行这些活动的，毫无疑问也为人的私欲、贪念打开了闸门，希望能够用最小投入赚取最大收益，各种欺诈、不诚信的商业行为就容易发生。若如此，当人们都在相互模仿、相互欺骗中生产、交换、消费以后，定会发现所有人都成了受害者，没有最终的赢家，因此，“有关特定时间和地点之具体情况的知识”在维系市场秩序、使之能理性地运转上就发挥着极其重要的作用。虽然哈耶克主要是在强调自由经济反对计划经济的角度上来讨论这种知识的，然而，他强调的自由经济并非与伦理无关，相反，自由经济的有序发展正是基于良好的市场伦理规范和精神。也就是说，不仅是生产，而且是保质保量地生产，才是在市场竞争中站稳脚跟的秘诀。通过价格机制和竞争机制自发生成并扩展开来的分工——交易制度，具有前市场经济没有的优势。人们走出孤立、隔绝而不断低质重复的自给自足式的生产方式，进入因分工、交易、合作、互补而不断繁荣的市场经济，需要淘汰不诚信、钻空子的恶劣品质，形成讲诚信、守契约、守规则的良好德性，并使之成为一系列的市场经济制度。正是在此意义上，市场经济实现了经济繁荣与市场伦理的统一，被说成是道德经济、法制经济。

移民城市是现代化过程中城市形成的一种形式，彻底脱离了传统自给自足的生产方式。都市的形成必然带来发达的商业，而发达的商业必然需要建立健全的商业伦理，即市场伦理。这不仅是移民城市的市场经济健康有序的基本保证，也是移民城市发展的迫切要求。同时，移民城市的特殊性也为市场伦理的发展提供了比非移民城市更适合的条件。如前所述，一方面，移民城市是由一批批告别故旧乡土奔赴未知世界的移民组成的，他们身上既带有各自原有的一些风俗习惯、伦理价值观念，而且由于彼此是陌生人而更难以接受和容忍，因而比在迁出地同族同乡之间更容易产生各种冲突，从而移民城市存在着更多的社会矛盾和道德风险，不利于和谐关系的形成。在此意义上看，移民城市的伦理规则和精神构建是困难的。然而，另一方面，正如任何事物的发展都是辩证的一样，移民城市的新型伦理构建又有着独特的优越性。因为相对于非移民地区，移民城市基本上没有传统观念的羁绊和束缚，新观念、新伦理、新规则在人们的主动追求和城市发展的迫切需要下更容易形成，广大移民也因为都来自外乡而更容易相互理解和体贴。人们积极开拓、勇于创造，凭借自己的本领而不是人情闯出一片天地，大家对健全的市场规则和伦理精神的愿望更加迫切，因而更容易树立新的伦理观念，有利于市场伦理的形成。以深圳为例，自建立经济特区以来，吸引了大量全国乃至全世界的移民，在特区发展的过程中，深圳人务实拼搏，敢想敢干，以孺子牛精神激励和奉献自己，开创了“深圳速度”，提出和践行了无数的深圳观念，这些观念不乏反映出深圳作为一个移民城市的性格和品质，反映出公平、正义、自由、平等、进取、互助、包容等市场经济的伦理精神。正是有了这样的伦理精神和城市观念、市场规则、市场伦理扎根深圳，使经济得到了快速而健康的发展，创造了举世闻名的深圳奇迹。也正是这些观念，包含了无数深圳创业者和建设者的“深圳梦”。通过深圳的成功不难看出，新观念、新伦理、新规则的建立是一个移民城市兴旺发达的根源，构建一种超载家庭、传统的市场伦理是移民城市经济伦理的应然选择。

（作者信息：黄月细，深圳大学社会科学学院副教授、博士）

注 释

［1］［美］裘德·马特拉斯：《人口社会学导论》，方时壮、汪念郴译，中山大学出版社 1988 年版，第 213 页。

［2］王京生主编：《深圳十大观念》，深圳报业集团出版社 2011 年版，第 7 页。

［3］张然：《论移民文化及其特征》，《深圳大学学报》（哲学社会科学版）2001 年第 1 期。

［4］［英］戴维·米勒等：《布莱克维尔政治学百科全书》，邓正来译，中国政法大学出版社 1992 年版，第 126 页。

［5］［德］黑格尔：《法哲学原理》，范扬、张企泰译，商务印书馆 1961 年版，第 309 页。

［6］［英］F. A. 冯·哈耶克：《个人主义与经济秩序》，邓正来译，生活·读书·新知三联书店 2003 年版，第 116—136 页。

移民城市深圳的文化创新与文化服务

一 全面推动文化创新，培育城市文化品牌

（一）打造深圳“文化品牌”

国际化城市的影响力，一方面来自其自身的历史文化在人类文明史上的贡献，另一方面来自国际化的文化品牌。“文化品牌”越国际化，城市的文化地位也越高，世界给予的关注度也越高。说起英国爱丁堡，人们想起的首先是缤纷多彩的“爱丁堡艺术节”；说起德国柏林，人们脑海里闪出的是“柏林爱乐乐团”；说起奥地利维也纳，人们马上想到“维也纳新年音乐会”……城市的文化品牌可多可少，但要在国内外产生影响力，则需要精选，需要重点打造。

为推动移民城市——深圳——文化立市战略，深圳市着力打造深圳自身的文化品牌。1. 深入开展“深圳关爱行动”；2. 办好“深圳读书月”、“深圳读书论坛”、“读书电视辩论大赛”等活动；3. 办好“鹏城社区文化艺术节”，扩大市民和外来工的参与面；4. 办好“少年艺术花会暨学校艺术节”，组织好“文博会艺术节”、“中外艺术精品演出季”和“大剧院艺术节”；5. 加快推进“钢琴之城”建设，办好三年一届的“中国（深圳）国际钢琴协奏曲比赛”，创设“深圳市校级钢琴比赛”活动；6. 推进“设计之都”建设，办好“创意十二月”设计文化系列活动；7. 打造“市民文化大讲堂”、推行“百万市民讲英语”、开展“社会科学普及周”；8. 创设“中国（深圳）流行音乐节”，办好“深圳国际旅游文化节”，支持企业和社会团体主办的品牌文化节庆。

纽约人特别重视文化资源再创造，使之成为城市可持续发展的动

力。纽约市政府每年大约用1800万美元资助部分博物馆；每年给艺术界的财政资助达100万美元以上；政府建筑法规定，建筑者如果在他们大楼的底层修建剧院，就给予额外补贴；政府对于上演芭蕾舞和戏剧的“纽约市中心”实行免税，每年只需向政府缴纳1美元的租金，因而使这一中心能以适当的票价来保持较高的艺术水准。以纽约为背景制作的影视剧成为纽约发展最快的五大行业之一，纽约从事文化产业的人超过20万，占城市就业人口的5%，占城市GDP总量的60%左右，成了唯一能与华尔街金融经济效益相媲美的产业。

尽管深圳要培育的文化品牌过于繁杂，但心怀大众、落实文化平等权的思路是深得人心的。深圳虽然在群众文化上颇具特色，但在高端文化方面是比较欠缺的，尤其是学术文化，所以开展“市民文化大讲堂”极有针对性，一方面让学者走出书斋，把学问做得更扎实；另一方面让市民享受到更多的学术成果，一举两得。大剧院艺术节也是引进高雅的文艺演出，使深圳不再永远停留在“大家乐”文艺欣赏水准上。任何品牌的建立都要经过曲折的过程，从推广期到成熟期要有5—10年，不可揠苗助长。文化品牌有层次之分，除了面向社区和市民的各类文化活动，“中国（深圳）国际钢琴协奏曲比赛”、“中国（深圳）流行音乐节”、“创意十二月”等应瞄准世界级。世界级的文化品牌，需要持续、耐心地塑造，需要把经济效益和文化创意紧密结合起来。

（二）推出和生产文化精品

推进和繁荣文化精品，是世界各传媒企业和文化产业厂商们的梦想，既支撑着一个企业的发展，也是一个城市的“窗口和荣誉”。纽约的美国三大广播网哥伦比亚广播公司、全国广播公司、美国广播公司控制了2139家电台和电视台；纽约出版的《纽约时报》《华尔街日报》《时代》周刊、《商业周刊》《新闻周刊》等出版媒体影响全美舆论界，左右着全国的新闻和娱乐，对全世界也有巨大影响。

提高公共文化产品的供给和质量，在电影、电视、美术、音乐、戏剧、文学、雕塑、舞蹈等方面推出一批文艺精品，大力推出广播电视名牌栏目，完善出版物发行网络，在图书、期刊、音像、电子和网络等领域推出精品栏目和出版物，扶持出版有益青少年成长和提高外来建设者知识技能的出版物，并向青少年和外来建设者免费发放。在法国，对戏剧、音乐、舞蹈、造型艺术、电影等多种艺术门类直接提供资助；在表演艺术方面，国家重点艺术院团的经费基本由政府提供，省市级和私营艺术团体也可获得政府的资助。在造型艺术方面，文化部除拨款建立公用画室和雕塑室外，还资助一些著名画家建立个人画室和雕塑室，为他们的创作提供便利条件；为了促进电影艺术的创作和发展，法国近几年每年都向电影制作、发行和放映公司提供20多亿法郎的贷款和资助；文化部还为直属艺术院校的学生建立奖学金制度，为学生的学习和生活提供资助，为培养艺术家创造条件。

深圳市注重文化精品的推进和产出，是嗅到了国际竞争的气息和主动承担文化责任的表现，并且有一定数量的文化精品出现。但无论从国内还是从世界角度看，精品的数量还比较有限，需要有一流人才来担当重任。电视的品牌栏目、节目，媒体的名牌专栏、专版，出版社的名著作，演出团体的名角，都是靠人来实现的，是靠经济和声誉杠杆引导的，需要长时间的积累。能够产生文化精品，需要有大胆的政策让一些人终身从事其专业。现在深圳媒体、出版单位都在积极开展“名记名编、名角名作者”工程，是对个体创造力的尊重，是向国际化看齐。

（三）建设数字化深圳

在英国，政府投资建立起世界最大的电子求职网，将全国的职介所联成一体，建立8600个“信息亭”。你在屏幕上选择好职业，然后设置时间、距离等要素，就可出现一连串需求信息，选择好几条再点击“打印”，几张载着详细信息的小纸条就到你手中了。据专家核算，在其他投入不变的情况下，只要数字化水平达到“基本运用”的程度，一个百万人口城市的GDP就可以增加2.5倍到3倍。

深圳提出建设“一个中心、三个平台”，即数字文化数据中心、电子政务系统平台、“深圳文化网”公共文化服务平台及文化资源共享工程平台。建设文化电子地图，包括文艺展演、公共文化场所、文化遗产保护、文化服务信息等，为市民文化生活提供便捷的导航服务；完善文化活动信息发布机制，通过报纸、杂志、广播、电视、网络、手机、活页印刷品等媒体，每周发布全市重要的文艺演出、展览论坛、节庆活动、电影放映、新书上市等文化服务信息；健全文化新闻发布制度，完善深圳票网建设，推进深圳票网与香港票网及珠三角地区的票网连通，促进演艺消费。

深圳的数字化进程是走在国内城市前列的，《实施方案》中把建设文化电子地图和发布全市重要的文化信息加以强调，是对数字化城市的深化。扎实地行动，深圳的数字化进程可与世界上的先进城市同步。深圳的政务网站和文化网站需要强化服务性内容，希望出版社、影剧院、大剧院、美术馆、博物馆等能与电视报刊建立密切的信息发布机制，做到天天发布，必然会增加效益。

（四）加强文化遗产保护

发达国家几乎都把文化遗产当"宝贝"看待，即便是废墟，也会保护，而不会在原址上开发房地产。法国具有丰富的文化遗产和众多的名胜古迹，如卢浮宫、凡尔赛宫、奥赛博物馆等，他们以此为豪，把这些文化遗产称为"国家的"。政府投入大量资金，对一些重点的古建筑遗址、城堡、教堂进行修复和维护，并向公众开放，使每个人都认识到"文化遗产就在我身边"。英国对文化遗产的保护更是不遗余力，很多富有历史意义的城堡、庄园等，因其主人在经济上承担不起维护费用，英国成立文化遗产基金会，托管后既维护文化遗产，并且通过收费开放来增加基金，效果极佳。这几年日本政府采取措施，加大了保护力度。首先是针对日本年轻人对本民族文化淡漠的现象，加强这方面的教育。自 2001 年开始，日本实行政策，在儿童音乐教育中增加歌舞伎、文乐等传统音乐课程。其次是由地方志愿者组成文化保护团体，这些团体从国家文化财或地方文化财申请援助金，来从事非物质文化遗产的保护工作。

进一步加强物质文化遗产保护工作，做好文物调查研究，抓好大鹏所城、客家围屋等重点文物维修工程，建立非物质文化遗产保护工作机构，开展对全市非物质文化遗产的普查、确认、登记、立档、整理、研究、出版、展示工作，制定保护规划，向国家、省有关部门申报我市的非物质文化遗产代表作名录，建立民族民间文化传承人（单位）的认定和培训机构，每年在"文化遗产日"期间，策划组织专题活动以及各类民间民俗特色文化活动，发挥爱国主义教育基地的作用。出台政策扶持和鼓励兴建民间博物馆。

在文物保护方面，深圳的一些文物单位尚存在着产权争议，以及保护和发展的矛盾等问题。尤其是边发展、边破坏的状况相当严重。发展当然没有错，但历史痕迹失去了就永远无法补偿，用 GDP 也换不回来。依靠立法，建立严格的保护文物古迹的法规，这是文物保护的硬办法，而且这些法规条文应该先行。同时对近现代建筑也要着意保护，因为保护和维护这些富有现代意义的建筑实际上就是留住明天的城市记忆。深圳的物质和非物质文化遗产遗存不多，都是急需保护的文物单位，应该首先为它们的保护问题解决后顾之忧，应该有针对性地出台一些规定和保护措施，而不是仅停留在“口号”保护阶段。

（五）强化政策研究，以法治文

深圳的一些文化政策从制定到实施并不能顺利地进行，有的文化政策由于论证不全面等原因不能真正发挥效力。对公共文化服务体系的建设而言，文化政策的规定是保证其发展的重要因素。涉及资金、政策方面支持的条文，最后能够确定下来是一个很严密的论证过程，而这些规定和扶持的方面也会在将来的实践中不断地修改完善，这是深圳走在全国各城市前面的探索过程。在此次构建公共文化服务体系的规定中，也提出了一些量化的指标，那么相应地要对实施公共服务的政府部门进行绩效考核。针对这些指标来考核工作的落实，达到监督和落实责任的作用。

着重在公共文化服务的基本指标、投入方式、评估标准以及支持系统等问题的研究上有所突破，提出可量化的、可操作的考核参考依据。将制定《深圳公共文化设施条例》《深圳文物保护管理条例》，修订《深圳公共图书馆条例》，制定高雅艺术票价补贴管理办法、扶持民间博物馆办法、重大文化活动管理办法、促进文化义工建设的政策。同时，还有扶持和促进社会文化组织发展的政策，制定企业、社会组织和个人赞助捐赠公益性文化活动实施办法。并建立起公共文化服务公示制度和完善文化新闻发布机制。

市民在进图书馆、博物馆、音乐厅，享受社会提供的公共文化服务时，应该自觉地想起应该遵守哪些规定，应该如何做，而不需工作人员时刻提醒，这便是公共文化服务体系的政策规定真正发挥作用的时候了。

二　完善公共文化服务体系，实现市民和外来建设者文化权利

（一）完善公共文化服务设施网络

在能够称得上“国际大都会”的城市，包括公共图书馆的万人拥有量和馆藏的丰富在内的文化设施，是基本的文化标志。比如伦敦，人口约719万，共有421家公共图书馆，每1.7万人拥有一个公共图书馆，社区以上图书馆每周开放60小时以上，大学图书馆开放72小时。

目前深圳市要做的，一是进一步推进市级重点文化设施建设，包括深圳博物馆新馆、少年儿童图书馆、艺术学校新校址、中波台发射基地和办公基地、当代艺术馆、群众艺术馆、深圳交响乐团的建设和改造。二是做好新建街道、社区文化设施配套。三是继续推进“图书馆之城”建设，到2010年，实现常住人口每15万人拥有一座公共图书馆，每1.5万人拥有一座社区图书馆，常住人口人均拥有藏书2册；建设“图书馆之城”门户网站，拓宽数字图书馆功能，拓展“通借通还”至街道、社区图书馆，实现以区图书馆为中心的区、街道、社区图书馆总分馆制，保证资源共享，区级以上图书馆每周开放时间不少于64小时，每周至少举办1次免费讲座或者读书活动；街道、社区图书馆每周开放时间不少于50小时，每月举办1次以上读书活动。四是进入21世纪，深圳立足于未来，又在新的城市中心区，投巨资兴建了包括文化中心、音乐厅、中心图书馆、电视中心、青少年活动中心、科技书城等六大文化设施，代表了深圳的经济文化水平和城市建设成就。到2010年实现常住人口每15万人拥有一座公共图书馆是了不起的目标，深圳的文化建设将进一步国际化。

（二）公共文化服务深入街区

公共文化服务深入街区是国际上打造文化立市的重要环节。法国每年都组织数不清的民间艺术节，大多在中、小城市举办，表演的大部分节目是民间音乐舞蹈，气氛热烈活跃，深受群众喜爱。法国政府目前的目标是努力实现三个平衡，即巴黎和外省的平衡、城市和乡村的平衡、

市区和郊区的平衡，从而使生活在各地的公民都有平等享受文化生活的权利。

2003 年以来，深圳市深入开展文化进社区活动，探索物业管理型社区、“村转居”社区和工业区等不同类型的社区文化共建模式，市群众艺术馆、区文化馆、街道文化站分别建成市、区、街道的群众文化活动组织中心、辅导培训中心、创作编导中心、群文理论研究中心和非物质文化遗产保护中心，开展贴近市民的免费公益讲座活动，完善周末广场音乐会活动，推动开展周末剧场、周末电影、周末文化沙龙等周末文化系列活动，在龙岗、宝安的边远地区和外来工集聚的厂区开展流动图书、演出、展览、讲座和电影等流动系列服务，搞好“千场电影进社区”活动，各区举办符合辖区实际的特色文化活动。

深圳的公共文化服务的触角已经伸入街区。深圳市群众艺术馆推出的公益艺术培训广受市民欢迎，提出了培训活动和培训项目实行免费的新举措，创办“老年艺术大学”，普及和培养少儿艺术素质教育，目前已经拥有 2000 多名学员了。这样的公益培训时常供不应求，但是由于资金及场地问题，也导致了这样的公益培训的规模发展不起来。而公益培训正是需要政府加大投入的部分，同时出台相关的扶持政策，吸引民间力量的参与。当前，深圳市实行市级文化展馆免费开放政策就是个吸引观众的好创意，但是就目前的情况来说，人们并没有养成看美术展览的习惯。建议可以围绕着展览主题在场馆内设置一些互动游戏，普及美术知识，也让美术馆的功能更加立体。

（三）免费开放文化场馆，补贴高雅艺术演出

英国是世界上最早全面向公众和外国游人免费开放公益性文化场馆的国家；巴黎每年在法国国庆节在巴士地狱歌剧院免费公演一场音乐会，每月的第一个星期日卢浮宫免费开放；每年 9 月的第二个周末举办“文化遗产日”活动，全国各地的古代建筑均向公众开放；纽约的公益性文化场馆（除图书馆外）大多不收费。

公益性文化场馆免费开放，公共文化服务机构将服务目标、内容、时间和程序向社会公开并作出承诺，向社会招募文化志愿者参与公益性文化场馆的布展、讲解、导引、辅导等工作，建立对高雅艺术演出活动的票价补贴机制，建立切实有效的监督检查制度，确保各种机构组织所

提供的公共文化服务产品的健康与安全。深圳的文博会艺术节已经开启了高雅艺术演出活动票价补贴，下一步将提出对政府主导的文化活动采取成本补贴的方法，而对艺术机构组织的商业演出采取场租补贴的方式。

深圳有诸多免费的文化活动，显示了社会主义特色，比资本主义国家更能显示文化资源的平等享受。为提高文化义工的专业水平和服务的长期性，给他们一定的报酬是必要的。文化义工尤其如此。对高雅艺术的演出予以场场票价补贴，还是几场露天免费而多数场次照旧收费，需要认真调研。

（四）完善对特殊群体的服务

美国所有的公共文化设施都必须配置助残设施，而残疾人在美国可以得到最完备的文化服务。美国各级政府和社会团体积极创造条件，为残疾人参与社会活动提供方便。如美国各州都立法规定：盲人乘车免费；残疾人优先进入公园、博物馆、体育馆等公共场所；在车站不用排队等候。在电影院和剧院里，第一排最好的位置总是为残疾人保留着。为方便失聪者用特制的耳机欣赏表演，电影院、剧院、音乐厅还建有感应线圈。

实施外来劳务工文化服务工程。进一步办好“深圳外来青工节”，使之成为影响力强、参与面广的全市外来劳工的文化活动。为老年人举办常设性节庆文化活动。实施残疾人文化服务工程，组织举办适合残疾人的各种文化活动，提供专项的信息查阅、展演观赏。同时，为在深的境外人士提供丰富的公共文化服务。建设国际来访者文化信息服务网络，制作和发送多语种的公共文化服务指引。进一步办好外语报纸和外语广播电视节目等。

深圳大剧院、深圳音乐厅、深圳图书馆，这些新建设和改进的场馆在助残设施上有精心的设计。深圳图书馆的盲人阅览室成为国内大型图书馆里的第一家盲人阅览室。除了盲文图书外，还设置了盲人电脑系统，提供视障语音聊天系统，这些都是国际化公共文化服务的细节体现。深圳要打造国际化现代都市，就要对外籍人士的文化服务提供保障。这些体现国际特色的文化设施和文化活动，既是对外籍人士的服务，也对整体市民素质的提高有所帮助。深圳今年曾做过一个“外来青工文化生活”的调查，调查中，大部分的外来青工认为业余文化生活枯燥无味，政府也将加强针对外来工的文化服务的公益性。

（作者信息：傅鹤鸣，深圳大学移民文化研究所副所长、副教授、博士）

移民城市深圳“文化立市”战略的学理透析

当今世界，文化与经济、政治和社会相融相摄，互为表里，文化的发展在城市综合竞争力中的地位和作用日益突出。国际化城市不仅仅是城市经济发展，而且是经济、政治、社会和文化“四位一体”，全面、综合、协调发展的城市。在城市发展的“四位一体”中，核心和动力在于文化的发展和提高。

20 世纪中叶以降，越来越多的国家深刻地认识到文化对当代社会经济生活中的巨大影响，许多国家的大中城市在世纪之交重新思考和制定新世纪的发展战略，都不约而同地把文化战略作为城市整体发展战略的核心。英国政府早在 2000 年就发布了名为“创造机会——英格兰地方文化战略指南”的报告，要求各地方政府在 2002 年底之前必须制定出本地区的文化发展战略。伦敦的文化战略提出：“发展文化战略和创造新的文化多样性能够巩固伦敦作为世界都市的地位。”英国老牌工业化城市曼彻斯特的文化战略提出：“让曼彻斯特成为‘创意之都’或‘文化之都’。”西班牙的巴塞罗那在世纪之交制定了新世纪第一个十年文化战略，即“城市即文化，文化即城市”。一位美国学者说：“巴黎、法兰克福、纽约不仅是城市，它们也是独特的文化风尚和制度的名字，有着它们自己的传统、假定和话语系统。”[1]

随着我国加入 WTO，为应对全球化浪潮以及知识经济的迅猛发展，加之我国现代化进程的加速，自 20 世纪 90 年代以来，我国一些省市从立足当代、放眼未来的宏观视野出发，相继提出了“文化强省”、“文化强市”等文化发展战略。深圳市委从将深圳建设成国际化城市的总体战略目标出发，于 2003 年初不失时机地推出“文化立市”战略，这是深圳顺应时代发展潮流、趋势，把握时代发展方向与脉搏，敢于后来居上的一个重要发展战略，也是深圳城市发展战略的一个重大调整。

一　文化的边界与深圳的发展

在探究文化与深圳城市发展战略的关系之前，我们先了解用以立市的"文化"这个概念。

什么是文化？这是必须回答而又不易回答的问题。人们对文化的定义很多，许多社会学家和人类学家都下过定义，有人曾作过统计：自1871—1951年的80年里，关于文化的定义有164条之多。今天，文化的定义恐怕已有两三百条之多了，这从一个侧面反映了尼采关于"只有非历史的东西才可定义"判断的正确性。当然，就一般而言，我们可以笼统地说，文化是一种社会现象，是人们长期创造形成的产物。同时又是一种历史现象，是社会历史的积淀物。文化是指一个国家或民族的历史、地理、风土人情、传统习俗、生活方式、文学艺术、行为规范、思维方式、价值观念等诸多内容的天然合成。当然，不同的学者可以对此中一般意义上的文化做出不同的分类，笔者比较赞同 H. H. Stern 根据文化的结构和范畴界定的广义文化概念。H. H. Stern 认为，广义地说，文化指的是人类在社会历史发展过程中所创造的物质和精神财富的总和。它包括物质文化、制度文化和心理文化三个方面。物质文化是指人类创造的种种物质文明，包括交通工具、服饰、日常用品等，是一种可见的显性文化；制度文化和心理文化分别指生活制度、家庭制度、社会制度以及思维方式、宗教信仰、审美情趣，它们属于不可见的隐性文化。包括文学、哲学、政治等方面内容。须要声明的是，虽然我比较赞同 H. H. Stern 的广义文化概念，但还是有相当的留存，此一"留存"主要考虑到文化分类的逻辑正当性。在笔者心目中，即使对文化从一般意义上进行解剖，从逻辑上文化也应包括精神文化、物质文化、制度文化、行为文化和心理文化五个方面。笔者在此加上精神文化和行为文化，是因为精神的东西以及人们行为方式毕竟与心理有着异质的界限，不宜像 H. H. Stern 那样将精神文化和行为文化归于心理文化。

除了从一般意义上了解文化的概念之外，人们还有必要从哲学的原则高度上进一步把握和理解文化的概念。首先，我们必须扬弃建构理性、工具理性主导下的文化概念。大家知道，现代性是西方启蒙运动确立的。启蒙运动的目标之一是使人类看清真实的事物成为可能，建构理性成为一直以来人化世界的法宝。为此，人们普遍认为“人仅凭理性，就能够重构社会”。[2]这是一种典型的“笛卡尔唯理主义的文化信条”，其主导认识论就是“唯理主义的”文化进路，理论形态便是文化实证主义。对伽达默尔来说，建构理性是启蒙思想以来的最大偏见。西方社会批判理论就是对抽象理性主义进行的控告，此种“控告”本质上属于对现代文化本质特征做出总体判断的理论范畴，它从理性的异化角度对现代性文化进行批判，且对现代文化本质特征的判断多是否定性的，哈贝马斯称其为“现代性的文化病理学理论”。[3]归根到底这种社会批判理论就是要让人化世界的本质力量和真正意义完全显现，且对当今时代人化世界的重点问题保持高度的敏感性和彻底的批判性。它思想锋利，意蕴幽玄，在使当代各种问题和困境大暴露的同时，又在整个文化领域进行了一场“革命的行动”，促使人们以反省姿态对现代性文化进行自我校正。梁启超在《什么是文化》中称：“文化者，人类心能所开释出来之有价值的共业也。”梁启超的文化概念就是哲学意义上的、克服了建构理性的文化概念。

所以，深圳用以立市的文化，应该建立在以上这些伟大哲学家、思想家及其他们更为伟大的思想基础上，要从本质意义上认识到：深圳市的立市文化，是人类心能所开释出来的有价值的共业，是深圳市民作为其存在方式和展现其本质力量的文化。为此，深圳文化立市战略必须警惕现代性背景下建构理性演绎出来的两种尽管错误但在当今大有市场的文化观：一种是自然主义文化观；另一种是功利主义文化观。自然主义文化观实质上是将文化等同于某个实体，或等同于某个外在于人的“定在”，认为我们对待文化只要秉承科学的态度，像发现自然规律一样去了解文化即可。至于功利主义文化观，说到底其实就是用效用这把唯一的、最终的尺子来界定文化的边界。现代新儒家唐君毅在其《文化意识和道德理性》一书的自序中开宗明义地批判了这两种文化观，他在书中写道：“本书之写作，一方是为中国及西方文化理想之融通建立一理论基础，一方是提出文化哲学之系统，再一方是对自然主义、功利主义之文化观，予以一彻底的否定，以保人文世界之长存而不坠。”[4]

事实上，城市发展史已充分证明了城市即文化、文化即人化这一目标价值的巨大意义。

大家知道，人类自工业革命以来，城市得到了快速发展。但不可否认的是，这种发展一直由工具理性的力量所牵引，使城市在发展过程中日益脱离人的实际生活。人们生活在和他们的生活经验相分离、相抵触的环境中。产业革命以来的经济增长模式所倡导的"征服自然"的后果是使人与自然处于尖锐的矛盾之中，并不断地受到自然的报复，这条传统工业化的道路，已经导致全球性的人口激增、资源短缺、环境污染和生态破坏，使人类社会面临严重困境，实际上引导人类走上了一条不能持续发展的道路。狄更斯曾经这样总结当时我们的城市，"我们是无所不有，我们也是一无所有"。人就像一个脱离现实的傀儡一样，被动地适应一种完全外在的与自己的主体性完全无关的"给定"中，城市从根本上完全变成了没有人化的物理空间。如海德格尔一针见血地提出："'世界'在存有学上绝对不是在本质上脱离'此有'的存在之规定，而是'此有'本身的一种性质。世界内的林林总总的存有者，都是'我作为人'要'照料'世界，和世界内之物打交道时所会用上的'工具'，都是'为了……之用'的方式。"[5]可见，城市所应有的道理和意义即是人化的道理、意义，也就是文化的道理、意义，城市的存在与发展原本就与文化"相缚"在一起。可见，城市的存在与发展从原初意义上就是人化的问题，它自身就应该立体式照射出文化的光芒。可见，深圳的城市发展战略越来越需要占领文化这个制高点，这既是深圳城市发展的必要，更是深圳能进一步发展好的需要与可能。

职是之故，深圳提出"文化立市"城市发展战略把握住了时代的历史进程和脉络，将极大地促成深圳建设成国际化城市的总体战略目标的实现。当然，因清醒地看到，深圳"文化立市"的文化，不是自然主义的文化，亦不是功利主义的文化，而是将深圳这个城市与广大市民的生活世界联系在一起的文化，这是一种城市与市民熔为一炉共生共长的有机文化，此种文化也就是马克思在《1844年经济学哲学手稿》中的人化概念。可见，正确理解"城市即文化，文化即人化"这一目标价值，这对于深圳文化立市战略这一历史实践活动具有逻辑上的优先性。

二　科学发展观与深圳文化立市战略

2003年4月胡锦涛总书记在广东考察时提出全面发展观以来，一场深刻的对我国改革开放20多年来的经济、社会发展模式的反思全面展开。党的十七大报告对此进行了全面总结，并完整、全面地阐述了科学发展观。党的十七大报告指出："科学发展观，是对党的三代中央领导集体关于发展的重要思想的继承和发展，是马克思主义关于发展的世界观和方法论的集中体现，是同马克思列宁主义、毛泽东思想、邓小平理论和'三个代表'重要思想既一脉相承又与时俱进的科学理论，是我国经济社会发展的重要指导方针，是发展中国特色社会主义必须坚持和贯彻的重大战略思想。"报告还指出："科学发展观，第一要义是发展，核心是以人为本，基本要求是全面协调可持续，根本方法是统筹兼顾。"科学发展观的核心是以人为本。何谓以人为本？在笔者看来就是要解决我国现代化进程中出现的现代性的种种负面问题，即当代人的"安身立命"问题。现代变革无疑为人类开辟并增加了发展空间，让我们过上了前人不敢奢望的富裕生活。但与此同时，我们也面临环境污染、资源枯竭、道德沦丧、心灵扭曲、人格分裂、情感干涸，还有金融风暴和恐怖主义。现代性辉煌无比的成就及其日趋可怕的影响越来越令人有始料不及之感。安东尼·吉登斯于1990年出版的《现代性的后果》一书，就集中讨论了现代性所带来的严重后果，诸如极权的增长、经济增长机制的崩溃、生态环境的破坏、核冲突与大规模战争等，并且探讨了人类在这些后果面前的出路。以上种种与传统有着本质区别的现代性问题，如果进行整体概括和总体把握则表现为人与自然的矛盾与冲突，比如生存环境的恶化；人与人、人与社会的矛盾与冲突，比如社会矛盾凸显，社会风险加剧；人自身身心之间的矛盾与冲突，比如人的精神无处安顿，空虚、无聊、冷漠成为时下人的时代病。需预判的是：深圳在我国现代化进程中走在全国前列，它在取得一系列现代化成果的同时，也必然率先遇到西方现代化进程中遇到过的种种负面问题。科学发展观"以人为本"这一核心，从根本上讲就是要求我们积极应对我国现代化进程中遭遇的三个根本性的现代性问题，即处理好发展中人与环境、人与他人和社会、人自身的身与心这三方面的关系，使之能全面、协调、可持续发展。科学发展，绝不是科学主义主宰下的、与人文无关的单兵突进，也绝不是GDP的单纯无限追求，而是人与环境、人与他人和社会、人自身的身与心共生共长，因为人不是单向度的人，人是多向度、开放式的存在物。

从哲学的视阈来解读科学发展观，就是如何看待人化世界，即文化世界的问题，因为以上三个根本性问题都是“如何理解人化世界”这一终极问题的子问题。马克思在其《1844年经济学哲学手稿》中直截了当地说：“人对自然的关系直接就是人对人的关系，正像人对人的关系直接就是人对自然的关系，就是他自己的自然的规定。”[6]接着，马克思进一步论述道：“被抽象地孤立地理解的、被固定为与人分离的自然界，对人来说是无。”[7]可见，马克思是从基础存在论的哲学原则高度来看待人化世界即文化世界的问题的。在马克思看来，人与自然、人与社会和他人之间的关系其实只是同一事物的不同面向之间的关系，而这些面与面之间是相互依存的，舍其任何一面，该事物都无法自成。

深圳文化立市战略，终极意义上是要解决深圳市的人化城市即文化城市问题。当然，这个问题也同样包括城市发展过程中面临的人与自然协调发展问题、人与他人和社会和谐共处、人自身身心健康等三个根本性问题。深圳市政府在21世纪出现的包括土地、资源、环境和人口在内的四个“难以为继”，充分暴露出了以上三个根本性问题中人与自然协调发展的方面。为此，深圳市委、市政府针对目前经济社会发展中遇到的四个“难以为继”，推出的一系列政策措施，比如产业调整、产业升级换代、循环经济、绿色经济、知识经济、生态经济等不一而足，都是用以解决人与自然协调发展问题的，这当然符合深圳市文化立市战略。然而，深圳市文化立市战略绝不可以将解决四个“难以为继”作为问题的全部，而应清醒地认识到这只是问题的一部分，这一部分只涉及三个根本性问题人与自然这一方面，尽管从现实意义来看这一部分具有十分重要的紧迫性和当然性。

所以，实施深圳文化立市战略还有比解决当前深圳出现的四个“难以为继”更为深刻的步骤，即解决深圳文化立市战略中“文化立人”问题，从而符合科学发展观提出的以人为本的本质要求。只有“文化立人”才能从根上解决人与他人和社会和谐共处、人自身身心健康这两个根本性问题。著名作家龙应台曾百感交集地申明："文化是人的根，是灵魂的安身之所。"作为一个移民城市，深圳有着太多"无根"的游子。当深圳实现从渔村到城市的急剧嬗变时，整个城市在相当程度上均感受到了"无根"的虚悸，这种"无根"的虚悸来自整个城市"文化立人"的根本性缺失。为此，深圳实施文化立市战略中的"文化立人"方略需解决如下两个问题：一是市民文化底蕴的不足和文化实力的虚弱。据2003年发布的《深圳文化发展蓝皮书》透露，2002年底，深圳700万总人口中，初中以下文化程度人口占75%，外来人口中，来自农村的就占71.6%。深圳人才总量仅74万人，远低于北京、上海和广州。二是市民对深圳这个移民城市文化认同和文化归属。"移民城市"，尤其需要文化的认同，因为大家来自五湖四海，生活习性、行为方式、价值取向、文化程度等方面差别巨大。深圳这个移民城市要想最终成为广大市民的生命共同体，乃至价值共同体，不二法门就是从文化这个制高点来消弭高学历人才与一般就业者的文化差距，消弭户籍人口与非户籍人口之间的沟壑，从而达成所有群体对"深圳人"的文化认同。

可见，深圳实施文化立市战略完全顺应并从根本上符合科学发展观的精神内涵和本性要求，它们都从实践的逻辑出发，寻求解决我国社会主义现代化建设中的带有根本性、长期性、全局性的重大现实问题之道。

三　作为目的的文化事业与作为手段的文化产业

从实践的视阈看，正确认识并处理好深圳文化立市战略中文化事业与文化产业的辩证关系，这是深圳文化立市战略能否取得成功的关键。自深圳市实施文化立市战略以来，专家、学者以及政府官员就深圳如何实施文化立市战略纷纷建言献策，其讨论热烈异常，也确实将问题引向了深入。但遗憾的是，深圳文化立市战略中文化事业与文化产业的辩证关系这个基本的、常识性的问题人们不但讨论得不够，甚至存在相当的忽视乃至混淆。

深圳文化立市战略的成功实践，必须建立在对文化事业与文化产业的辩证关系的正确认识和正确实践的基础上。笔者认为，文化事业与文化产业之间是目的与手段的辩证关系，其中文化事业是目的，它实现的是广大人民群众的文化权利，而文化产业则是手段，它本身的发展壮大是为人的全面发展服务。当然，人们在明确文化事业与文化产业之间是目的与手段的辩证关系外，我们更需看到二者之间的原则区别，文化事业本性上是公益性，而文化产业则属营利性，二者有着异质的界限，不可混为一谈，否则贻害无穷。公益性的文化事业“不以营利为目的”，以实现广大人民群众文化权利为宗旨，理应由政府来主导，由政府来担当，营利性的文化产业则取市场化方向，“以营利为目的”，应交由市场去完成。切不可将本应由政府担当的文化事业交给市场去完成，也不可将本应由市场来完成的文化产业交给政府来主导。可见，深圳文化立市战略的成功实践需要“政府”和“市场”这两者同时到场，联袂出演，不要将它或理解为“政府”的独角戏，或理解为“市场”的独角戏。

深圳文化立市战略中的文化事业建设的公益性就在于充分实现市民的文化权利。联合国会员国在 1948 年以压倒多数通过一项宣言——《世界人权宣言》，1966 年，联合国大会又通过了《经济、社会和文化权利国际公约》和《公民权利和政治权利国际公约》。这三个世界性的关于人权方面的纲领性文件，均将文化权利作为其重要的内容加以规定，并要求各缔约国遵守。如《经济、社会和文化权利国际公约》指出：“按照世界人权宣言，只有在创造了使人可以享有其经济、社会及文化权利，正如享有其公民和政治权利一样的条件的情况下，才能促进对人的权利和自由的普遍尊重和遵行。”可见，文化权利与政治权利、经济权利一样，都是公民的基本权利。深圳作为沿海发达城市，在实施文化立市战略过程中，必须看到，实现与保障公民文化权利的问题显得十分突出与迫切，原因在于深圳经济的发展已经到了一定阶段，老百姓的权利主张，正经历着从政治权利的诉求、经济权利的诉求向文化权利的诉求的重心转换。在公民权利问题上，经济权利是基础，政治权利是保证，而文化权利则是目标。随着深圳经济发展水平的提高，人们更多地关注文化权利，对文化权利的认识也更加深刻。深圳文化立市战略中的文化事业建设公益性特性，从政府的角度看就是要搞好文化公共服务，因为这是政府的职责与义务；从市民的角度讲就是要充分实现自己的文化权利，因为这是市民的法定权利。

深圳文化立市战略目标价值尽管是通过实现市民的文化权利，从而促进市民的自由全面发展，但与此同时我们必须做大做强城市文化经济，大力发展文化产业，否则市民文化权利和自由全面发展目标的最终实现将落空。

用英国学者迈克·费瑟斯通的话说，文化的经济化就是“在文化的经济方面，文化产品与商品的供给、需求、资本积累、竞争及垄断等市场原则一起，运作于生活方式领域中”。[8]《多伦多环球邮报》一篇评论也说道：“在知识经济的时代，或许，财富就是一种文化!”

20世纪下半叶以来，随着现代高科技特别是信息技术的发展，加之时尚消费和体验经济的推动，使文化产业得到迅猛发展。文化产业是文化经济化的直接产物，它的发展极大地推动了文化作为一种大规模的社会生产的过程，使文化成为一种社会生产力。可见，做大做强城市文化经济，大力发展文化产业，对深圳建设国际化城市具有不可忽视的作用。在当代，城市的国际竞争力既包括各种具有物质形态的“硬实力”，如基本资源、经济力量、科技力量，更包括各种精神形态的“软实力”，如城市凝聚力、文化发展程度、国民教育水平等。大力发展文化产业对深圳的“硬实力”和“软实力”都会产生重大影响，也将对城市经济增长提供巨大潜力和不竭动力，从而最终实现广大市民的文化权利。

文化产业的营利本性，要求深圳在实施文化立市战略中，对待文化产业的发展必须走市场化道路。从宏观来看，当前急需解决制约深圳文化产业发展的根本问题是体制问题。文化体制改革在深圳整个体制改革中属较滞后部分，与整个市场经济体制的要求不相适应，突出表现为将经营性的、应交由市场来完成的文化产业与公益性的、应由政府来承担的文化事业相混淆，从而既影响了政府主导下的文化事业的发展，也影响了应走市场化道路的文化产业的发展。所以，深圳要发展壮大文化产业，必须以市场为主导，围绕面向国际、国内两个市场进行体制机制创新，大胆探索，实现新突破，从而真正形成文化产业领域充满竞争活力的一个完整开放的市场格局。从微观来看，深圳文化产业的发展有赖于文化市场主体的发展壮大。文化产业的主体必须是自主经营、自负盈亏、自我发展、自我约束，完全符合现代企业制度要求的市场主体，这是文化产业的微观基础。事实上，只有包括各种所有制成分在内的文化产业的市场主体——文化企业得到充分培育与发展，文化产业的发展才得以可能和永续。

（作者信息：傅鹤鸣，深圳大学移民文化研究所副所长、副教授、博士）

注 释

［1］张汝伦：《上海的文化命运》，《上海文化》1994 年第 1 期。

［2］［英］弗里德利希·冯·哈耶克：《法律、立法与自由》第一卷，邓正来等译，中国大百科全书出版社 2000 年版，第 5 页。

［3］傅永军：《现代性与社会批判理论》，《文史哲》2000 年第 5 期。

［4］唐君毅：《文化意识和道德理性》，广西师范大学出版社 2005 年版，第 3 页。

［5］林立：《法学方法论与德沃金》，中国政法大学出版社 2002 年版，第 108—109 页。

［6］《马克思恩格斯全集》第三卷，人民出版社 2002 年版，第 296 页。

［7］同上书，第 352 页。

［8］［英］迈克·费瑟斯通：《消费文化与后现代文化》，刘精明译，译林出版社 2000 年版，第 123 页。

现代生存哲学视阈下生态移民的理性思考

自人类诞生以来，哲学家就开始对人的生存问题进行思考，如深入探讨生存的内涵、动物性生存与人的超越性生命的区别……“生存论是人对属于自身的生命、生活的自觉及其哲学表达，它重视的是人在世生存的感性现实性、自成目的性和意义的澄明。”[1]随着科学技术的发达和理性主义旗帜的高举，近代的生存观呈现出机械主义生命理论特征，认为人的生存可以超越于自然界的生存之上。然而，从20世纪下半叶开始，现代人类生存难题不断涌现，如全球性恐怖主义、霸权与战争、环境污染、生态失衡、南北分化及发展问题、人口暴涨、资源枯竭……这一系列公共性危机已经严重危及全人类的持续生存，当代人的生存和发展正面临前所未有的困境和挑战。生存与发展在人类公共实践视阈中已由边缘话题变身为世界主题。现代哲学以关怀当代人类生存境遇为己任，它深刻反省近代以来人类生存方式越来越严重的悖反和独树一帜的理性主义哲学，以另一种可能性即现代生存论视角来审视当代人们生存所面临的新困境。由此，在西方出现了哲学的“生存论转向”，它重在挖掘现代生存危机产生的深层根源，并寻求相应出路。现代生存哲学不仅为多元差异性生存主体提供了对话平台，而且拓展了多样性谈论的开放话语空间。现代生存危机既表现在生态系统和物质生活方面，也表现在社会结构和精神文化方面。其中，人与自然关系的紧张、生态环境的恶化是现代生存危机的重要表现，这直接关涉人类对生存和发展两者关系的思考。生态移民是一种直接与生态环境恶化相关的移民类型，人类与自然关系的紧张是其发生的重要原因，涉及人类对生存和发展两者关系的处理。从现代生存哲学层面反思我国生态移民理论和相关实践，有助于我国生态移民工程走出发展主义陷阱，真正实现生存性发展。

一　生态移民的内涵、产生原因及其目标

人类早在远古时代就已自发开始生态移民活动，但开创科学研究“生态移民”进程的是美国科学家考尔斯。他在1900年第一次将群落迁移的概念导入生态学，首次提出“生态移民”概念，认为生态移民是出于保护生态环境这一目的而实施的移民。[2]任耀武等人首次在1993年发表的《试论三峡水库生态移民》学术论文中论及生态移民，此后中国学者们陆续从不同角度论及这一问题。中国政府于2003年在《退耕还林条例》中首次提及生态移民概念，并出台了一系列相关政策，以保护西部地区脆弱的生态环境。近年来，随着我国生态移民工程的推进，生态移民理论研究获得了较快进展。一般来说，生态移民需从迁移行为和迁移主体两方面进行考察。从迁移行为来看，生态移民是指与生态环境相关的迁移活动；从迁移主体来看，生态移民是指因这一活动而产生的迁移人口。因此，生态移民是指因生态环境变化而发生的迁移活动以及因这一活动而产生的迁移人口。

生态移民的产生与生态环境变化直接相关，它是多种因素共同作用的结果。生态移民的产生原因大概可分为以下四种：第一，某些突发的自然灾害如飓风、海啸、洪水、龙卷风、地震等造成了巨大的环境变化，它们使生态系统发生巨变，破坏人类的生存环境，使当地不再适合人类居住。第二，一些人为因素造成较大环境变化，既包括因人为技术事故造成的灾难性事件如切尔诺贝利核电站化学物质泄漏，也包括一些较长期的环境退化工程如土地的荒漠化。第三，军事行动以及政治动荡也会导致生态移民，对环境的破坏被当作达成战争以及种族灭绝政策的一种手段。第四，经济或发展规划等因素导致环境变化而发生生态移民，如修建水库、公路、铁路、新建自然保护区以及圈定矿区等会对该区域的环境造成一定影响，从而导致部分居民发生生态移民。这些驱动因子有时以单一形式，有时以组合形式改变了人类生产和生活环境，最终导致生态移民活动的发生。[3]

生态移民的产生原因与其实现目标之间有着紧密联系。我国生态移民主要有两重目标，两者相互交织在一起。一是保护生态。具体说来，

生态移民的目的有保护大江大河源头生态、防沙治沙和保护草原、防洪减灾和根治水患、保护自然保护区内稀有动植物资源或风景名胜区生态系统等。二是消除贫困，改善移民的生活。在我国，生态移民多发生在生态环境脆弱、生态区位重要、生存条件恶劣的地区，主要集中在两大生态脆弱带即黄土高原地带牧区和云贵高原地区。这些偏远的山区和沙区自然环境恶劣，基本不具备人类持续生存的条件。为了生存，当地民众竭力开发本已十分脆弱的自然资源，陷入生活贫困化和生态恶化的恶性循环。这些地方也不具备就地扶贫条件，不仅难度大、成本高、巩固率低，而且不可能长期解决生态问题。在西部大开发战略的布局下，我国于2001年在贵州、云南、宁夏和内蒙古四省区启动全国性生态移民试点工作，即以工代赈易地扶贫搬迁（试点）工程。这一工程试图将扶贫攻坚的目标与保护生态的目标有效统一起来。

二　中国式生态移民恐陷发展主义陷阱

根据是否由政府主导，生态移民可分为自发性生态移民和政府主导型生态移民。“所谓自发生态移民是指由于生态环境恶化造成生产、生活困难而不得不离开原居住地到外地谋生的一种迁移活动以及迁移人口……政府主导生态移民是指政府有组织地把生态恶化地区或自然保护区的人口迁移出来，以恢复和保护生态环境为主要目的，同时兼顾扶贫和提高经济收入的迁移活动以及迁移出来的人口。”[4]广义的生态移民包括自发性生态移民和政府主导型生态移民，狭义的生态移民则是指政府主导型生态移民。在我国，政府主导型生态移民占据生态移民的绝大部分。生态移民过程因国家高强度介入，其不再是一个自然而然的过程，而是人为的发展过程以及国家规划的结果。我国政府高度重视生态移民问题的直接原因在于，1998年长江中下游发生了特大洪涝灾害，这迫使学者和政府深刻反思新中国成立近50年来人类与自然之间的紧张关系。我国政府于2001年开始进行有计划、有组织、有规模的，以改善生态环境和脱贫致富为目的的易地搬迁生态移民工程。从中国式生态移民工程的十几年实践来看，始终在场的发展主义的魅影极大影响了生态移民的初衷和实际效果。

贵州从2001年实施了10多年生态移民实践，在扶贫开发、生态建设、城镇化发展、民族团结等方面取得了一定成效。但贵州生态移民实践也存在一系列亟待解决的难题，如移民资金投入不足、安置土地调整困难、后续产业发展不力、部门配合难度大，等等。我们认为，有些生态移民项目既没有生态效益，也没有达到扶贫目的，这值得我们重视和反思。[5]耿文革课题组对山东省三峡移民健康状况和生命质量进行调查研究，其研究结果显示：三峡移民在生活习惯、语言、风俗、农业生产活动以及思维方式等方面经历了极大转变，部分移民难以适应迁入地的生活环境，加上所拥有的社会支持较少，从而在心理层面产生明显的焦虑和抑郁，进而身体不适，进一步引发移民生存质量的整体下降。[6]这一结论得到王志忠课题组的认同。有学者为深入了解宁夏生态移民搬迁后生存质量变化过程，采用多阶段整群抽样方法，抽取宁夏地区5个生态移民聚居村以及2个相邻的当地居民村，运用SF－36生存质量表及自编一般情况表入户调查，得出了以下结论：宁夏生态移民生存质量状况较当地居民差，回族移民及移民区留守老人生存质量更差。课题组认为，生态移民的生存质量较当地居民差，主要体现在生理功能方面的不同，这与移民变迁后的生产方式与搬迁前的生产方式大为不同相关。搬迁之前，他们过的是自给自足的小农生活，搬迁后大多数生态移民均加入到常年打工行列，高强度的劳动作业引起身体不适。研究结果还显示，汉族移民生存质量部分维度较当地居民有所改善，但回族移民在生理健康领域表现出极度的不适应，这可能与汉族、回族对待疾病的态度不同相关。汉族患病后大多选择及时就医，而回族患病后首先寄托于主观上的自愈，而不是首选就医。课题组建议，地方政府和中央政府在实施生态移民搬迁政策的同时，更应该采取相应措施来提高生态移民的生存质量。[7]

这些课题组的实证调查表明，我国生态移民实践面临诸多困境，最大困境在于生态移民在迁入地社会适应较差，生存质量低。居住地的改变、生活方式的变化、社会关系的重塑以及文化、思维意识的变迁等使得生态移民在身心上难以融入迁入地，生态移民的文化适应和宗教适应也有待提高。为何会产生这种与实施生态移民工程初衷即保护生态和扶贫攻坚完全背离的难解困境？当地政府和中央政府在生态移民工程启动之前是否有深入调查论证生态移民的必要性？生态移民工程启动之后，各级政府是否有采取系统措施来切实提高生态移民的生存质量？事实是，生态移民在新迁入地因缺乏基本生产技能而陷入新的生存困境。他们原有的生产技能被现代的“发展”观无情地抛弃，被贬为“落后”和“野蛮”，其简单的生活方式、与大自然融为一体的生计已经被现代化以独断的霸权话语彻底摒弃。实际上，传统生活方式中蕴含丰富的生态智慧，当地人对环境和动植物有着深入的了解，人与自然的关系简单而融洽。我们需要全面审视西方发展主义思想，现代化/发展很可能是西方社会给发展中国家制造的一个可怕陷阱。一个国家发展过程中面临多样性和选择性，西方的发展观只是其中一个选择而已。而我国某种程度上已经沾染了西方发展主义习气，实现跨越式发展已成为我们坚定不移的目标。然而，在生态移民这个跨越式发展工程中，我们的确看到了迅速发展的基础设施，却看不到对当地人的精神、文化层面的深层关注。被发展主义所左右的政府，往往只片面注重发展的经济内涵，注重发展的速度而非质量。发展本身是一个多面体，除却经济面之外，更应注重人文、精神和社会等面向。快速的经济发展已经严重撕裂生态移民的文化传统支持，在所谓西方定义的现代化面前，它显得一无是处。某些生态移民工程已经沦为“项目经济”、“项目政治”。我国生态移民活动大多数发生在中西部欠发达省份，这些地方经济发展水平较低，财政收入有限，大部分依靠中央政府的转移支付来维持生态移民工程的进程。随着 2000 年国家停止征收直接的农业税以来，除了有限的地方财政收入和中央政府补贴之外，地方政府的主要收入来源之一就是中央政府的项目资金支持。中西部欠发达省份地方政府热衷于生态移民项目，不仅因为这些项目可以带来实际的经济利益，而且是因为其可带来政绩。当某一生态移民工程的必要性论证不够深入就匆忙上马，它实际上沦为“项目政治”的结果。地方政府需要上级政府的资金支持以表现自身的政绩，而这些项目不断被复制，并且也容易得到中央政府的支持。[8] 直接受益于这些生态移民工程的是当地政府的官员，而非生态移民。当生态移民迁入新居住地之后，发现生存现状比以前面临的困境似乎还要恶劣，他们根本就难以适应所谓西方发展以及现代化制定的规则和秩序。

三 生存性发展——生态移民的目标

从哲学层面来看，现代生态移民实质上是人类反思如何解决经济发展和生态保护之间的矛盾而引发的一种活动。这种活动是一项复杂的行为，不仅涉及经济因素，而且涉及政治、文化、教育、民族、宗教等因素。要着实推进生态移民建设，尤应注意以下两个问题：

首先，要处理好生存与发展之间的辩证关系。作为人类生命存在的永恒主题，生存和发展密不可分。一般说来，生存是相对于死亡而言的。人先有生命存在，才能谈及人的一切其他问题，包括人的发展。正因为如此，马克思才说，现实的有生命的个人是人类活动的出发点。但人又不同于动物，动物是一种直接性和重复性的生命存在，人是一种历史性和有意义的生命存在，只有在发展中得到展示和实现。从某种意义上说，生存是生命的底线，而发展是生命意义的标志，是人类生命存在的高级自觉与永恒追求。[9]但是，生存和发展并不是一对难以协调的矛盾，也并不一定得给它们排一个先后的价值次序。因为，“人的生存就是人不断生成、演进的社会历史性过程，因而本质地具有发展的向度和性状”。[10]发展是更高层次的生存欲求，不仅要满足基本的生理和安全等需要，而且寻求物质需求和精神需求的统一。我们需要对西方“发展”概念进行反思。作为产生于近代西方的“发展”概念与资本主义的工业文明的诞生同步，与进化论紧密结合进而成为西方社会乃至世界的强势话语和主流社会观。“有必要区分两种‘发展’概念，一是以主客二分为前提的属于工具理性的发展概念，一是人自成目的的生存论意义上的发展概念。前者把人的生命时空规定为单向度同质态的流程，后者在时间上则具有多维性和回复性，在空间上具有异质性。”不能过分强调发展概念的工具理性，而应实现其工具理性和人文价值理性的统一。发展应是把人看成是自成目的的生存论意义上的发展，是一种多样性的发展，而非独断式、高扬理性主义哲学旗帜的发展。只有这样，才能充分开发人的潜能，并实现人性的丰富、人格的完善以及人生意义的充盈。生存性发展把人的基本生存欲求和高层次的多样性发展欲求较好地结合起来，把人类生存视为白成日的性，重视生存质量的提高，有利于我们重新理解人的生存方式、发展模式和人生意义，建构人类新的生存可能性。

在当前我国实施必要的生态移民的过程中，一方面不能把近代西方发展观强加到生态移民身上，不能以自身标准理所当然地判断，他们原有的生产生活方式落后，一定要通过生态移民来强制地让他们改变或者实现所谓的“发展”。并不是只有城市化的、定居的、有现代产品的生产生活方式才是“文明的”、“先进的”以及“发展的”。这种现代的生产生活方式以及生态移民原来的生产生活方式，都只是多样性选择的一种而已。应该发挥生态移民的文化积累，让他们自己选择最适宜自身的生产生活方式。不能因为国家或当地政府的行政命令，就否定生态移民的活泼生命和自由个性，就无情解除他们按照具体境遇选择生产生活方式的能力。否则，生态移民的生存只会陷入模式化和外在化的困境。另一方面，要凸显提升生态移民的生存质量的重要性和培育其后续发展能力的迫切性。生态移民的最终目的是保护生态和改善移民的生活，而当前许多生态移民项目的效果与此适得其反。生态移民不仅未能逃脱生存困境，反而陷入更为深重的生存和发展危机。

其次，实现从生存移民到生态移民的战略转变。所谓生存型移民是指为了自身生存而不得不迁入其他地区定居的人口，或以改变居住地点为维持生存之手段的迁移，它是一种被动型移民。迁出地的推力是促使这类移民行为发生的主要原因，迁入地区的拉力或者吸引力是位列其次的原因。生态环境的恶化、战争、政治等因素是其生存危机的表现。生态移民应超越生存型移民的被动性，它是一种发展型移民。所谓发展型移民是指，为了物质生活或者精神生活状况的改善而迁入其他地区定居的迁移行为和迁移人口。迁入地的拉力或者吸引力是发展型移民产生的主要原因，它是一种主动型移民。具体来说，生存移民和生态移民有着较大区别：“生存移民着重考虑增加移民经济收入，解决温饱；不太关注对迁入地生态环境的近期和长远损害，甚至对迁入地生态环境的近期和长远影响没有进行论证，属单目标移民。生态移民则是站在国家社会经济可持续发展的角度，把保护生态脆弱区的生态环境，看成是保护国家的生态环境乃至人类的生态环境，移民视野不应受‘就近就便’的原则约束，可以扩大到全国范围，实现多目标：它包括使移民迁出地的生态环境得到保护；移民迁入地的生态环境不受损害；移民迁入地的原住户不吃亏；移民能稳定得到温饱并逐步走向富裕等四重目标。”

总之，我国生态移民建设应以马克思主义生态哲学来协调人与自然的关系，有效地把改善生态环境和发展经济统一起来，追求生态效益和经济效益的统一，实现由生存移民到生态移民的战略转变，最终实现其生存性发展目标。

（作者信息：郑湘萍，深圳大学社会科学学院副教授、博士）

注　释

［1］张曙光：《“生存与发展”问题和生存论哲学》，《哲学研究》2001 年第 12 期。

［2］生物学年谱，http：//www. hbzhan. com/st42819/Info_ 15983. html，2011. 12. 7。

［3］税伟等：《生态移民国外进展研究》，《世界地理研究》2012 年第 1 期。

［4］包智明：《关于生态移民的定义、分类及若干问题》，《中央民族大学学报》（哲学社会科学版）2006 年第 1 期。

［5］王永平、陈勇：《贵州生态移民实践：成效、问题与对策思考》，《贵州民族研究》2012 年第 5 期。

［6］耿文革等：《山东省三峡移民健康状况和生命质量及其影响因素调查》，《预防医学论坛》2011 年第 2 期。

［7］王志忠等：《宁夏生态移民生存质量现状及影响因素》，《现代预防医学》2013 年第 7 期。

［8］王晓毅：《生态移民：一个复杂的故事——读谢元媛〈生态移民政策与地方政府实践〉》，《开放时代》2011 年第 2 期。

［9］欧阳康：《生存与发展：当代哲学主体及其合理性》，《哲学研究》2001 年第 12 期。

［10］鲁西奇：《移民：生存与发展》，《读书》1997 年第 3 期。